Eine Mauer durch Berlin

Sigrid Lehrke

Sigrid Lehrke - geboren 1951 in Berlin, ist Evangelische Diakonin und Soziotherapeutin für Psychodrama und Gestalttherapie.
Sie lebt in Berlin und unterrichtet seit 1978 Jugendliche und Kinder im Unterrichtsfach Religion.
Ab 1993 hat sie Kinderhörspiele und „Betthupferl“ für den Bayerischen Rundfunk geschrieben, die auch beim Hessischen Rundfunk und Radio Bremen gesendet wurden.
Einige ihrer Hörspiele und ein Buch für Erwachsene wurden veröffentlicht.

EINE MAUER DURCH BERLIN

erschienen 9-2014, 1. Auflage
11-2019, 2. Auflage
Verlagshaus Schlosser, 85551 Kirchheim

Text: Sigrid Lehrke
Umschlag, Layout & Druck: Verlagshaus Schlosser
ISBN: 978-3-96200-033-2
€ 11,90

Eine Mauer durch Berlin

von

Sigrid Lehrke

*

HALLO, DU IN DEINER ZEIT,
ich erzähle dir von meiner Zeit.
Die Zeit rund um den Mauerbau.
Und als Oma hinter der Mauer verschwand…

oder EINE MAUER DURCH BERLIN

von Sigrid Lehrke

INHALTSVERZEICHNIS

EINE MAUER DURCH BERLIN –

Warum ich das Buch schreibe

Willst du ein Superleben haben?
Das wollen viele, schaffen aber nur die wenigsten.
Es ist wichtig, dass du dir Gedanken um dich selbst und deine Lebensbedingungen machst.
Dazu musst du Zusammenhänge zwischen dir und den Gegebenheiten in deinem Land verstehen.
Ohne dieses Wissen wird's mittelmäßig.
Darum schreibe ich das Buch. Für dich!

Als ich ungefähr so alt war wie du, hatte kaum jemand einen Fernseher.
Die reich waren hatten meistens einen. Aber das waren damals wenige.
Farbfernsehen für alle war noch nicht erfunden.
Es gab nur Bilder in schwarz/weiß.
Ein Handy oder Smartphone hatte keiner. Warum?
Stell dir vor, das war auch noch nicht erfunden!

Ich bin 1951 in Berlin geboren. Berlin durfte damals nicht mehr Hauptstadt sein.
Deutschland hat 1939 einen Krieg angefangen und grauenvolles Leid über viele Länder und über Millionen von Menschen gebracht.

Wie Leben so funktioniert kam der Krieg nach Deutschland zurück.
Am 8.Mai1945, nach langen Jahren, war er zu Ende.

Sehr viele Orte und Städte, und auch Berlin, waren von den Bomben total zerstört und mussten von denen, die vor dir lebten, mühselig wieder aufgebaut werden.
Die den Krieg gewonnen haben, USA, Frankreich, Großbritannien, und die Sowjetunion, teilten sich Deutschland auf.
So war unser Land, und auch Berlin, in vier Teile geteilt. Jeder Teil stand unter der Hoheit von jemand anderen.
Und dann der 13. August 1961. Die Berliner Mauer wird gebaut und bleibt 28 Jahre lang bestehen.
Sie fällt am 9. November 1989.
Erst nach der Wiedervereinigung, am 3. Oktober 1990, konnte das nun ungeteilte Berlin wieder Hauptstadt von ganz Deutschland werden.

Doch davon wird dir an anderer Stelle genauer erzählt.
Wenn du Fragen hast, stell sie deinen Lehrern, Eltern, anderen schlauen Leuten, Omas und Opas.
Ich will kein Geschichtsbuch schreiben.
Ich will dir die Welt, in der du lebst, ein bisschen erklären helfen.

Dieses Buch schreibe ich, weil ich festgestellt habe, dass ihr heutzutage gar nicht mehr wisst was eine Baracke oder eine Ruine ist. Und weil ich verhindern helfen möchte, dass ihr jemals in Baracken schlafen und in Ruinen spielen müsst.

Aber jetzt lass ich jemand anders erzählen.

Berlin 1958

Vielleicht bin ich so alt wie du. Ich lebe in einer anderen Zeit. Es ist das Jahr 1958.
Nach Ostern werde ich meinen Geburtstag feiern. Hoffentlich kommt Oma zu uns. Du hast bestimmt auch eine Oma. Meine habe ich ganz besonders lieb! Sie lebt im Ostteil von Berlin, genannt „Ostberlin“, im Bezirk Köpenick.
Meine Mutter, mein Vater, meine drei Jahre ältere Schwester Johanna und ich, leben im Westteil von Berlin, also in „Westberlin“, im Bezirk Spandau.
Wir sagen ganz einfach: „Oma wohnt im Osten, wir wohnen im Westen.“
In meiner Zeit ist Berlin eine geteilte Stadt. Die vier Siegermächte haben sich nach dem Ende des Krieges Deutschland aufgeteilt und passen auf, dass die Deutschen keinen Ärger mehr machen.
Weißt du, wenn wir Menschen uns keine Gedanken um unser Leben machen, entstehen Mauern in den Köpfen, Mauern zwischen Menschen, und Mauern aus Stein gebaut. Man muss sehr wach sein und Ideen haben, um sowas zu verhindern!
Berlin ist seit dem verlorenen Krieg also in vier Teile geteilt. Du musst dir eine Torte in vier Stücke geschnitten vorstellen. Ein Stück für die Amerikaner, ein Stück für die Engländer, ein Stück für die Franzosen und ein großes Stück für die Sowjets. Wir Berliner nennen die Sowjets „die Russen“. Vielleicht waren die besonders hungrig?
Kennst du das auch, dass du Dinge die Erwachsene entscheiden nicht verstehst?

Jedenfalls verwaltet jeder von den Vieren seinen Teil. Wir leben im Englischen Sektor, so nennt man unser Tortenstück. Offiziell natürlich „Britischer Sektor“. Und „Amerika“ ist natürlich offiziell die USA. Oma lebt im „russischen“ Tortenstück. Und das macht Probleme.

Amerika, England und Frankreich sind sich mit dem was sie in Deutschland machen einig. Sie haben sich zusammengeschlossen. Man nennt sie die „West Alliierten“, die Zusammengeschlossenen. Die Russen machen was sie für richtig halten und haben sich gegen die drei abgegrenzt. Darum ist zwischen dem östlichen Teil von Berlin und dem westlichen Teil eine Grenze mit Wachtposten.

In ganz Deutschland ist das so. Deutschland ist ja seit dem Krieg ein geteiltes Land. Der Teil von den Russen wird „Deutsche Demokratische Republik“ (DDR) genannt. Der Teil von den West Alliierten heißt „Bundesrepublik Deutschland“ (BRD).

Wir fahren oft mit der Stadtbahn, genannt S-Bahn, zu Oma. Fährst du auch gern mit einem Zug? Ich liebe das Rattern der Räder, wenn sie über die Schienen rollen. Unsere S-Bahn fährt in ganz Berlin herum und kümmert sich nicht um Ost und West. Nur an den Grenzbahnhöfen, zwischen Ost– und Westberlin, wird es unangenehm. Da kommen Ostberliner Grenzsoldaten mit Gewehren umgehängt in die Zugabteile.
Die gucken meist furchtbar streng in unsere Gesichter und auch öfter in unsere Taschen. Man darf einige Dinge nicht mitbringen nach Ostberlin. Und einiges nicht vom Osten in den Westen bringen.

Fleisch ist in unserer Zeit teuer und außerdem gibt es noch wenige Läden.
Darum hat Oma lebendige Kaninchen in ihrem Garten. Wir haben nicht viel Geld und können uns kein Kaninchen kaufen. Deshalb hat Oma uns neulich eines mitgegeben. Das ist verboten. Wir mussten es unbemerkt über die Grenze kriegen. Mutti hat es in meine braune Kindertasche gesteckt, weil die Grenzsoldaten es da wohl am wenigsten vermuten.
Ich sage dir, als der Grenzbahnhof „Friedrichstraße“ dran war, habe ich mir vor Angst fast in die Hosen gemacht! Mutti war ganz still und hat kaum geatmet. Johanna und Vati haben so getan, als ob sie miteinander schäkern.
Sie hofften, die Aufmerksamkeit von mir und dem Kaninchen abzulenken. Innerlich sind auch sie vor Angst fast gestorben.

Es hat geklappt. Die Grenzsoldaten haben zu dem Schäkern der beiden geguckt und das Kaninchen unter der Decke in meiner Tasche war ganz still.
Vorsichtshalber hatte ich meine Hände drauf.
Die Wärme hat es wohl gemocht.
Ich finde es ganz furchtbar, dass es eines Tages geschlachtet wird.
Aber wenn man Hunger hat, verdrängt man solche Gedanken!

Wenn wer mit verbotenen Waren an der Grenze erwischt wird, gibt es empfindliche Strafen. Unter Umständen kommt man in ein Ostgefängnis. Davor haben alle große Angst. Die Gefängnisse in Ostberlin sind schlimm, erzählt man sich. Da wird sogar gefoltert. Du kannst dir sicher vorstellen, dass viele Menschen an der Grenze zittern.

Du in deiner Zeit überlegst bestimmt, weshalb wir überhaupt schmuggeln.
Wir sind arm, wie viele nach dem Krieg. Um zu überleben, bleibt uns nichts anderes übrig. Wir bringen zu Oma, was bei ihr schwer oder gar nicht zu kriegen ist und umgekehrt.
Fabriken und Läden müssen erst wieder vernünftig aufgebaut werden, und dabei wird in Ost und West unterschiedlich verfahren.

Es gibt Sachen, deren Qualität im Westen viel besser ist. Schokolade, Kaffee und Seife zum Beispiel. Auch Perlonstrümpfe. Strumpfhosen gibt es noch gar nicht zu kaufen.

Auf Bananen sind die meisten im Osten auch ganz scharf. Denn Obst aus Ländern, mit denen die Sowjets nichts zu tun haben wollen, gibt es im Osten nicht. Auch keine Weintrauben. Johanna und ich gucken manchmal ganz neidisch, wenn Mutti für Oma welche kauft. Die sind ziemlich teuer und darum sind sie nur gelegentlich für Oma da.
Aber wir haben Oma lieb und darum gönnen wir ihr so was Gutes. Außerdem gibt Oma uns ja Sachen, die im Osten billiger sind und die wir uns im Westen einfach nicht leisten können. Zum Beispiel Kinderspielzeug.

Spielzeug wird meist in Fabriken hergestellt. Im Krieg haben Flugzeuge Bomben auf Städte geworfen und natürlich auch Fabriken zerstört. Es dauert lange, bis das alles repariert ist. Darum ist Spielzeug ziemlich teuer.
Du hast bestimmt sehr viele Dinge zum Spielen. Das ist für uns unvorstellbar. Johanna und ich haben gemeinsam einen Teddy, ein Holzauto und eine Puppe. Außerdem noch einen alten schwarzen Kasten mit Holzbausteinen.
Vielleicht bekommen wir von Oma bald einen Ball. Darauf hoffen wir und überlegen täglich, was wir alles mit ihm machen werden.

Wir spielen manchmal in Ruinen Verstecken. Das sollen wir nicht. Eine Ruine ist ein Gebäude welches zerstört wurde. Es kann durch Bomben kaputt gegangen sein oder es ist ausgebrannt und teilweise zerfallen.

Die Reste stehen rum und sehen grauselig aus. Darum ist es gefährlich.
Kaputte Gebäudeteile könnten abfallen oder eine nicht gezündete Bombe könnte noch immer explodieren.

Manchmal finden wir altes kaputtes Spielzeug in einer Ruine. Johanna hat neulich eine Puppe gefunden. Sie sah ziemlich schwarz aus. Vermutlich von einem Feuer, als das Haus im Krieg ausgebrannt ist.
Mutti hat gemeckert: „Ihr sollt doch da nicht spielen!“
Aber dann hat sie die Puppe genommen und sie unter dem Wasserhahn abgeschrubbt. Danach fanden wir sie richtig hübsch.
Wem sie wohl mal gehört hat…“, hat Mutti mit traurigen Augen gesagt.

„Ob das Kind bei dem Bombenangriff gestorben ist?“
Das habe ich gefragt.
Dann waren wir alle ganz still.
„Auf jeden Fall haben wir Geld gespart, eine Puppe ist teuer“, versuchte Mutti die Situation zu retten.

Unsere Währung ist die Deutsche Mark, genannt „DM“. Sie ist im Osten und Westen unterschiedlich. Die Ost Mark ist aus leichtem Metall, die Münzen der West Mark sind viel schwerer.
Man kann Westgeld in Ostgeld umtauschen und umgekehrt. Für eine Westmark bekommt man ungefähr vier Ostmark.
Erwachsene denken sich manchmal Sachen aus, die ich einfach nicht verstehe!

Jetzt erzähle ich dir erst mal wie wir leben, wie es den meisten von uns in unserer Zeit geht. Fast alle Kinder in meiner Klasse leben ähnlich wie wir.

Mutti, Vati, Johanna und ich leben in einer Wohnung mit Ofenheizung, im dritten Stock eines langen Wohnblocks mit zehn Aufgängen.
Solche Siedlungshäuser sind kurz vor dem Krieg gebaut worden. Nach dem Krieg mussten viele von ihnen wieder zusammengeflickt werden. Bomben hatten sie zerstört.

Über uns im vierten Stock des Hauses ist der Boden, wo jeder Mieter einen kleinen Verschlag hat. Da können Sachen abgestellt werden, die nicht mehr in die Wohnung passen.

Zum Beispiel mein altes Kinderbett. Du kennst so etwas sicher von eurem Keller.
Wir in unserer Zeit brauchen unsere Keller zum Lagern für Kohlen und Kartoffeln. Auch Einweckgläser mit Obst aus den Gärten stehen dort. Die mehr Geld haben, stellen natürlich auch ihre Fahrräder und Rodelschlitten dort ab.

Wohnhäuser mit Fahrstuhl, wie bei euch in eurer Zeit, kenne ich so gut wie gar nicht. Auch keine Gegensprechanlage oder Hausbriefkästen.
In unsern Häusern hat jede Wohnungstür einen Briefschlitz, durch den der Postbote die Briefe oder auch die bestellte Zeitung steckt. Werbematerial, wie du es kennst, bekommen wir nicht.

Wenn man unsere Wohnung betritt, kommt man in einen kleinen Flur. Rechts geht eine größere Küche ab, wo Vati hinter der Tür auch seinen Schrank zu stehen hat. Er hat ihn aus Brettern selbst gebaut und weiß angestrichen. Wir dürfen da nicht ran gehen. Die wichtigen Papiere unserer Familie liegen dort.

Links vom Flur ist unser Badezimmer. Geradezu ist das Wohnzimmer, von dem ein schöner Balkon abgeht. Schräg links vom Flur ist das Schlafzimmer, in dem wir alle vier schlafen. Da staunst du, was?
Das ist in meiner Zeit ganz normal. Eigene Zimmer, Kinderzimmer, haben nur die, die mehr Geld haben. Das sind eher wenige.
Insgesamt hat unsere Wohnung 54 qm. Jedes Zimmer hat einen Ofen, der geheizt werden muss.

Die Kohlen zum Heizen liegen in unserem Keller ordentlich aufeinander gestapelt. Wenn sie alle sind, muss Mutti beim Kohlenhändler neue bestellen. Die werden dann mit einem kleinen Auto gebracht. Kohlenträger mit Kiepen auf dem Rücken schütten sie vorsichtig vor unseren Hauseingang. Es soll ja keine zerbrechen.
Mutti, Vati, Johanna und ich tragen sie dann mit den Händen in unseren Keller und stapeln sie in einer Ecke ordentlich aufeinander.

Vati sagte neulich: „Meine Hände sind kohlrabenschwarz." Wir haben alle auf unsere Hände geguckt und gelacht. Das tat gut, denn es ist eine ziemlich anstrengende Arbeit.
Jeder von uns freut sich, wenn er es schafft, möglichst viele Kohlen in den Keller zu kriegen, ohne sie fallen zu lassen.
In den meisten Familien geht das so zu. Es ist selbstverständlich, dass jedes Familienmitglied hilft. Keiner käme auf die Idee sich drücken zu wollen.

Zum Heizen brauchen wir natürlich Kohlen in der Wohnung. Mutti ruft öfter: „Es sind keine Kohlen mehr oben!" Johanna und ich flitzen dann runter in den Keller und schleppen gemeinsam mindestens zwanzig Kohlen die vielen Treppen nach oben.

In der Ecke von unserem Bad steht auf drei Eisenfüßen ein alter blassgrüner Badeofen, hoch und rund wie eine dicke Röhre. Wenn wir warmes Wasser brauchen, muss er geheizt werden.

Jeden Samstag ist bei uns Badetag. Vati heizt den Ofen. Das Wasser reicht für eine Badewanne voll warmes Wasser. Wir freuen uns auf das Baden.
Vati geht als erstes in die Wanne, dann Mutti, dann Johanna und ich. Alle in demselben Wasser, das ist gar kein Thema.
Du, mit deinem warmen Wasser aus dem Wasserhahn, fällst vermutlich fast in Ohnmacht bei dieser Vorstellung. In unserer Zeit ist das ganz normal.
An den anderen Tagen ist es im Badezimmer kalt. Natürlich auch das Wasser, das aus dem Hahn kommt. Auch das ist ganz normal für uns. Man wäscht sich anders als ihr heute. Weniger irgendwie. „Katzenwäsche“, sagt Mutti oft lachend.
Es geht fröhlich zu bei uns. In vielen Familien geht's lustig zu.
Man muss viel gemeinsam machen. Da geht kein Weg dran vorbei.
Weil man als Familie sich braucht, gibt es auch kaum geschiedene Eltern.
Zanken und Trennen muss man sich leisten können! Das wissen alle.

Also, Vati badet als erster. Klar. Er geht jeden Tag arbeiten und verdient das Geld für die ganze Familie. Davon müssen die Miete, das Essen, der Strom, die Kohlen, das Fahrgeld, Seife, Zahnpasta, Waschpulver, Klopapier, Spülmittel, Schulsachen, unsere Kleidung, also alle Dinge die man zum Leben braucht, bezahlt werden. „Umsonst ist der Tod“, sagen viele Leute. Und leider haben sie Recht.

Leben kostet eine Menge Geld. Für Taschengeld, das ihr in eurer Zeit öfter bekommt, ist in unserer Zeit in den meisten Familien kein Geld da.

In meiner Zeit gehen so gut wie alle Väter arbeiten. Nur wer doll krank ist oder schwere Kriegsverletzungen hat, bleibt zu Hause. Es ist viel zu tun, weil durch die Zerstörungen im Krieg viel aufzubauen und wieder herzustellen ist.
Doch der Arbeitslohn ist bei weitem nicht so hoch wie bei euch in eurer Zeit.
Und weil die meisten Mütter gar keine Zeit haben, um arbeiten zu gehen, muss das wenige Geld für die ganze Familie reichen.
Johanna und ich kommen nicht auf die Idee, nach Taschengeld zu fragen.
Die Mütter zu Hause nennt man „Hausfrau". Eine Hausfrau hat jeden Tag sehr viel zu arbeiten. Eine eigene Waschmaschine gibt es nicht.
Es gibt Waschhäuser, wo man für etwas Geld die Wäsche waschen geht. Doch die musst du erst mal dort hin kriegen!
Viele haben im Keller einen kleinen „Bollerwagen" stehen. Da kommt dann ein großes Bündel mit schmutziger Wäsche rauf und man zieht den Wagen durch die Wege hinter sich her. Die kleinen Eisenräder rattern und bollern. Daher der Name.

Du in deiner Zeit kennst bestimmt Waschshops; Läden, wo einige Waschmaschinen stehen und man Münzen rein steckt, damit man bequem waschen kann.

Ganz doll komfortabel finde ich eure Trockner. Ihr steckt da einfach nasse Sachen rein, die wirbeln warm und gemütlich eine Weile rum und kommen trocken raus!
Unvorstellbar für uns. In den Waschhäusern gibt es große Mangeln. Wir schieben das vorher gewaschene nasse Zeug, Bettwäsche und Handtücher zum Beispiel, unter große heiße Rollen, damit es glatt und fast trocken am anderen Ende wieder raus kommt. Im ganzen Waschhaus riecht es nach dem Wasserdampf, der durch die Luft fliegt.
„Ist hier wieder ein Nebel!", sagt Mutti dann lachend.

Allerdings waschen wir in unserer Familie die Wäsche meistens in der Badewanne zu Hause. Es ist billiger, aber natürlich auch viel anstrengender. Der Badeofen muss geheizt werden. Dazu müssen wir alte Zeitungen sammeln. Die brauchen wir zum Anzünden. Es gibt noch lange nicht so viele Zeitungen zu kaufen, wie bei euch.
Ein paar Stücke Holz sind auch notwendig. Es liegt im Keller neben den Kohlen und stammt überwiegend vom Kohlenhändler. Wenn wir unterwegs Holzstücke finden, nehmen wir sie natürlich auch mit, um Geld zu sparen.

Ist die Wäsche richtig schmutzig, muss sie erst eingeweicht und dann ordentlich gerubbelt werden. Da kommt man ins Schwitzen! Das Spülen ist besonders aufwendig. Wir nehmen kaltes Wasser dazu, da das warme Wasser aus dem Ofen beim Waschen verbraucht worden ist.

Immer wieder müssen wir das Wasser aus der Badewanne ablaufen lassen und das Gleiche von vorn.
Ja und dann ist die Wäsche erstmal klitschenass. Wir wringen sie aus, so gut es geht und hängen sie auf mehrere Wäscheleinen, die durch das Badezimmer gespannt sind. Danach sieht es aus wie im Wäschedschungel.

Ihr habt bei euch Wäschespinnen und ähnliches, wo ihr eure feuchten oder nassen Sachen aufhängt.
So etwas Gutes ist in meiner Zeit noch nicht erfunden.
Und klitschenass kommt bei euch aus der Waschmaschine kaum was. Oder?
Wenn es kalt ist dauert es logischerweise lange, bis unsere Wäsche getrocknet ist.

Ob du dir über das Wäschewaschen überhaupt schon mal Gedanken gemacht hast?
Hast du deiner Mutter schon mal geholfen dabei?
In meiner Zeit ist das Helfen selbstverständlich für uns. Allein könnten unsere Mütter das gar nicht schaffen!

Gedanken über eure Heizung hast du dir bestimmt noch nie gemacht. Sicher ist es warm bei dir zu Hause. Oder frierst du morgens im Bad, beim Waschen oder Zähne putzen?
Wir heizen nicht jeden Tag jedes Zimmer. Das dauert viel zu lange, ist zu teuer und viel zu anstrengend.

Der Ofen im Wohnzimmer ist bei uns sehr beliebt. Er ist rechteckig, steht in der Ecke und reicht fast bis zur Decke.
Schöne braune blanke Kacheln bedecken ihn von oben bis unten.
Wenn er geheizt ist, kann man gemütlich daran gelehnt stehen und sich wärmen. Schön ist das, einfach herrlich gemütlich.

In der Mitte des Ofens ist ein Fach mit einer kleinen Gittereisentür davor.
Es ist die so genannte „Röhre".
Das Gitter kann man auf und zu schieben.
Je nachdem wie warm man die Röhre haben will.

Weißt du, was wir in der Winterzeit damit machen? Wir legen selbst gepflückte Äpfel rein und machen die Röhre ganz zu. Nach einer Weile duftet es wunderbar und köstliche Bratäpfel sind entstanden. Vati liebt die Bratäpfel über alles. „Kinder, bald ist wieder Bratapfelzeit“, sagt er schon im Herbst und dabei strahlen seine Augen vor Vorfreude.

Teppich klopfen ist auch etwas, was du nicht kennst. Weil es keinen Staubsauger gibt, rollen wir einmal im Monat die Wohnzimmer-, Flur- und Schlafzimmerteppiche fest zusammen und schleppen sie die drei Treppen runter zur Klopfstange.
Da werden sie mit einem Ausklopfer ordentlich ausgeklopft. Den Ausklopfer mögen viele Kinder gar nicht, weil es damit auch schon mal eins oder zwei auf den Po gibt.

Ich habe dir in deiner Zeit ja noch gar nicht erzählt, wie wir den Wohnzimmerofen in der kalten Jahreszeit heizen.
Vati steht ganz früh leise auf. Er will uns nicht wecken. Die Wohnung ist über Nacht total ausgekühlt. Also bitterkalt. Darum zieht Vati einen dicken Pullover an. Mutti hat ihn gestrickt. Aus der Küche holt er Zeitungspapier und Holz. Das kommt in ein Fach unten im Ofen. Aber erst rüttelt er ein bewegliches Gitter unter dem Heizfach, damit die Asche, von dem verbrannten Zeug des Vortages, nach unten in ein Aschenfach fällt. Wenn es voll ist kommt die Asche in einen Eimer.

Im Schlafzimmer hören wir das Rüttelgeräusch und wachen manchmal auf.
„Vati heizt schon den Ofen“, flüstern wir dann. Es ist ein wohliges Gefühl.
Papier muss unter dem Holz angezündet werden. Wenn das Holz auch langsam zu brennen anfängt, legt Vati drei vier Kohlen darauf und hofft, dass sie gut anbrennen. Er muss acht geben, dass die Belüftung vom Schornstein richtig eingestellt ist, sonst funktioniert das Ganze nicht und wir müssten frieren.

Vati muss pünktlich zur Arbeit erscheinen, damit er nicht entlassen wird und wir kein Geld mehr zum Leben haben.
Natürlich fährt Vati mit dem Bus zu seiner Polizeiwache, wo er als Schutzpolizist arbeitet. Ein Auto haben nur die Reichen.
In meiner Schulklasse hat keiner der Eltern ein Auto. Auch die meisten Lehrer kommen mit öffentlichen Verkehrsmitteln zur Schule.

Kannst du dir vorstellen wie es bei uns in Berlin aussieht? Straßenbahnen, Busse und wenig Autos. Verkehrsampeln nur ab und an.
Einen Parkplatz muss auch keiner suchen, den findet man überall.
Es gibt viel grüne Flächen und noch gar nicht so viele Häuser wie bei dir in eurer Zeit. Wir Kinder können überall spielen. Hinter unserm Wohnblock ist ein großes wild bewachsenes Gelände, wo ein paar alte Apfelbäume stehen.

Da laufen Ziegen frei rum und fressen Gras und ein bisschen an den Baumrinden! Einfach so.

Ein Ziegenbock hat neulich Vati von hinten angeschubst. Er ist in eine Grube mit weichem weißem Havelsand gefallen. Johanna und ich haben wie die Verrückten gelacht. Vati hat seine Hosen und den Pullover vom Sand befreit und auch gelacht.
Unsere Pullover strickt Mutti selbst. Das ist billiger als wenn man die im Laden kauft.
Viele Menschen tragen selbst gefertigte Anziehsachen.

Nähen, Häkeln und Stricken lernen alle Mädchen in der Schule im Unterrichtsfach „Handarbeit“. Jungen haben in der Zeit „Werkunterricht“ und lernen, wie man sich im Haushalt selbst behilft. Johanna hatte letztes Jahr in Handarbeit eine Eins.
Mutti hat ihr den Topflappen gehäkelt. „Gib mal her, das sieht ja furchtbar aus“, hat sie gesagt und alles aufgetrennt. Johanna war froh, dass sie sich für eine gute Note nicht weiter quälen musste. Ihre Lehrerin hat keinen Verdacht geschöpft!
Ihr kauft eure Topflappen einfach im Supermarkt, was?
Supermärkte und große Kaufhäuser oder Einkaufszentren, wie es für dich ganz normal ist, kennen wir noch nicht.
Es gibt nicht so viele Dinge zu kaufen. Nur das, was wirklich zum Leben gebraucht wird. Die meisten Einkaufsläden sind eher klein.

Viele Menschen haben noch keinen Kühlschrank und müssen daher täglich die verderblichen Lebensmittel einkaufen gehen. Wir auch.
Vor den Läden muss man oft längere Zeit anstehen. Das kann auch gemütlich werden. Man plaudert miteinander und freut sich wenn man endlich rankommt.

Vielleicht fragst du dich gerade, wie und wo wir unsere Lebensmittel im Sommer kühl halten? Kann ich dir verraten. In der Badewanne.
Mutti lässt etwas kaltes Wasser rein und legt das Essen in eine große Blechschüssel, die dann auf dem Wasser schwimmt.
Butter, Käse, manchmal Wurst, ein Stück Fleisch oder Fisch machen eine Bootsfahrt.

Einmal hat sie kleine lebendige Fische auf dem Markt gekauft. Weil wir die erst am Sonntag essen sollten, kamen auch sie in die Badewanne.
Da schwammen sie nun unter der Schüssel rum und wir fanden sie so niedlich, dass sie keiner essen mochte.
Irgendwann haben wir sie bei dem wilden Gelände vergraben. Sie haben natürlich in der Badewanne nicht lange überlebt.

Fleisch oder Fisch gibt es bei uns nur am Sonntag oder an Feiertagen. Wir essen gerne Huhn. Du doch auch, oder?
Tiefgefrorenes gibt es in unserer Zeit noch nicht zu kaufen. Alles wird frisch verkauft.

Zerlegte Hühner werden noch gar nicht angeboten. Also Hühnerkeulen, Hühnerbrust oder „chicken-wing“, wie in deiner Zeit üblich. Das müssen wir schon selber machen. Und das macht Spaß, sage ich dir!

Mutti kauft also auf dem Markt ein frisches ganzes Huhn. Johanna und ich freuen uns schon, ihr beim auseinander nehmen zuzugucken. In der Küche wäscht sie das Huhn unter dem Wasserhahn ab und legt es auf den Arbeitstisch. Wir drängeln uns, um den besten Zuguckplatz. In dem Huhn drinnen ist ein Tütchen aus festem Papier, in das die essbaren Innereien des Huhnes gesteckt wurden. “Vielleicht finden wir im Magen ein Goldstück“, sagt Johanna. Den Magen finden wir besonders interessant. Da könnte ja unter Umständen was Spannendes drin sein, was das Huhn gefunden und aufgepickt hat. Mutti schneidet den Magen auf. Schade, nur Grünzeug und ein paar kleine Steinchen.
Findest du das etwa eklig? Dann würden wir in unserer Zeit sagen: „Meine Güte ist dieser Mensch zimperlich!“ Zimperlich sein kann man sich nicht leisten, wenn man überleben will.

„Wann gibt es wieder mal Fisch?“, fragt Vati ab und zu. Wir vier mögen Fisch gerne.
Also kauft Mutti für Sonntag auf dem Markt einen vollständigen frischen Fisch.
Fische ausnehmen ist auch nichts für die, die zimperlich sind. Der vollständige Fisch landet auf dem Küchentisch und wird vorsichtig aufgeschnitten.

Alles Innenleben ist noch an seinem Platz. Spannend! Man muss vorsichtig sein, dass die Galle nicht kaputt geht, sonst kann man den ganzen teuren Fisch wegwerfen. Gallensaft ist total bitter und versaut unter Umständen das ganze Essen!

Du siehst, wir sind überlebensfähig. Und wir sind nicht so abhängig von Geräten, die Strom zum Funktionieren brauchen.

Was macht ihr eigentlich, wenn der Strom für lange Zeit ausfällt?
Eure Gefriertruhen, der Kühlschrank, der elektrische Herd, das Licht, der Fahrstuhl, Fernseher, Telefone, die elektrisch aufgehenden Türen an den Supermärkten, Auflade Geräte für Handys, Smartphone, Tablets, alle Computer, letztendlich die Klospülung, das Wasser, die Heizung, die Zapfsäulen der Tankstellen, die meisten Geräte in den Krankenhäusern, Türen bei Feuerwehr und Polizeistationen, und sicher noch einiges Wichtiges mehr, funktionieren plötzlich nicht.
Ein gruseliger Gedanke.

Wir brauchen natürlich auch Strom. Aber lange nicht so viel, wie ihr in eurer Zeit.
In meiner Zeit gibt es viele Kochherde, die mit Holz, Papier und kleinen Kohlen geheizt werden. Aber auch Gasherde, und nur einige wenige Herde mit elektrischen Herdplatten.
Wir haben einen Gasherd und einen zum selber heizen. Mutti benutzt meistens den Gasherd.

In unseren Wohngebieten stehen an einigen Stellen Wasserpumpen, wo man durch das hin und her Schwingen des Pumpenhebels Grundwasser aus der Erde nach oben pumpt. So ist man notfalls von elektrisch hoch gepumptem Wasser unabhängig. Jeder darf sich kostenlos bedienen.

Dabei fällt mir das elektrisch hoch gepumpte Wasser für die Toilettenspülungen ein.
In unserer Wohnung haben wir, Gott sei Dank, eine Klospülung wie du sie kennst.
Viele Häuser haben noch „Plumpsklos". Auf jeder zweiten Etage ist so eine Toilette. Ein Holzbrett mit einem großen Loch in der Mitte. Darunter ein ganz normaler Eimer. Gleich mehrere Mietparteien teilen sich dieses Außen Klo.

Wenn der Eimer voll ist, nimmt man ihn vorsichtig raus und vergräbt den Inhalt draußen in der Erde. Jeder, der diese Toilette benutzt, muss das mal machen. Ich sage ja, „zimperlich sein" muss man sich leisten können! Ein Waschbecken gibt es in diesen Außentoiletten nicht. Man kann sich die Hände nur in der eigenen Wohnung waschen.

Oma in Köpenick hat ein schönes altes Haus und draußen im Garten ein Plumpsklo.
Wenn wir Oma besuchen und der Eimer voll ist, vergräbt Vati den Inhalt im Garten.
Das stinkt vielleicht! Aber Vati sagt: „Schließlich benutzen wir alle, bei jedem Besuch, den Eimer und da ist es selbstverständlich."

Ja, Vati ist kein „Weichei", der kann anpacken, wo es notwendig ist.

Oma wäscht sich in ihrer Küche. Dort ist der einzige Wasserhahn. Natürlich kommt da nur kaltes Wasser raus. Im Winter macht sie sich warmes Wasser auf ihrem riesigen Feuerherd aus uraltem Eisen. Zum Heizen dieses Herdes nimmt sie Papier, Holz und Eierkohlen. Die heißen so, weil sie die Größe von einem normalen Hühnerei haben.
Stell dir vor, deine Mutter müsste für jedes warme Essen einen Herd heizen.
Auf jeden Fall sind wir schlank, weil Essen machen viel Vorarbeit und Bewegung von uns fordert. Und ohne Auto laufen wir auch viel. Alles hat Vor- und Nachteile, was?

Natürlich hat Oma keinen Fernseher. Wir auch nicht. In meiner Klasse hat eine einzige Familie einen. Der Familienvater ist Zahnarzt und verdient mehr als die meisten Väter. Manchmal sind wir neidisch.

Es gibt zwei Fernsehprogramme. Eines vom Westen und ein Programm vom Osten.
In deiner Zeit soll es ja über neunzig geben! Mir schwirrt der Kopf bei der Vorstellung. Und dann guckt ihr Fernsehen in Farbe.
Der Zahnarztsohn guckt in schwarz/weiß. Aber es gibt ja schöne Radiosendungen.

Oma hört viel Radio. Sie lebt mit „Muts", ihrem Kater, allein in dem alten Haus.

Als Mutti noch ein Kind war, lebte sie dort und Oma und Opa waren oder sind ihre Eltern.
Später hat sie Vati kennen gelernt und geheiratet. Sie sind nach Berlin Spandau gezogen und haben uns Kinder bekommen.
Ihr Vater, also unser Opa, ist davor im Krieg gefallen. So nennt man das, wenn ein Soldat beim Kämpfen von den Feinden erschossen wird oder eine Bombe ihn tötet. Krieg ist totaler Mist!
Irgendwer sagte mal: „Im Krieg gibt es nur Verlierer."
Stimmt. Alle kriegen von dem schrecklichen Geschehen was ab. Auch, die den Krieg angefangen haben.
Das ist, als ob zwei Klassenkameraden sich richtig doll prügeln. Jeder der beiden hat hinterher Schrammen und Beulen.
Gott sei Dank ist der Krieg vorbei und glücklicherweise hat Oma ihn überlebt.

Weißt du, ich erzähle dir von meiner Zeit, weil ich möchte, dass du es mit deinem Leben besser machst, als die vielen Menschen zur Zeit meines Opas. Die haben so wenig vom Leben gewusst und darum einfach alles mitgemacht. So was geht schief!

Wir Kinder müssen wacher und aufmerksamer sein, als die damals. Ich will, dass unser Land in Ordnung ist und es uns allen gut geht. Dafür muss jeder was tun. Auch wir Kinder.
Wir müssen in der Schule blitzwach sein und fragen, wenn wir was nicht verstehen. Und wir müssen uns für unser Leben und unser Land interessieren.

Wer bin ich? Was war vor mir? Wo kommt das her, was ich habe?
Wer hat das alles bezahlt?
Was musste derjenige tun, um das Geld zu verdienen?

Weißt du, wir Kinder verdienen doch noch gar kein Geld. Und trotzdem schenken uns viele Menschen täglich so viel.
Wir kriegen Kleidung, Essen, Wohnung, Schule, unser Bett, sogar Spielsachen, Reisen, Sportvereine, Sportsachen und Klopapier umsonst. Ich bin so dankbar dafür!

So weiches Klopapier, wie ihr in eurer Zeit, haben wir noch nicht. Unseres ist ein bisschen mit eurem Krepppapier zu vergleichen. Trotzdem bin ich dankbar dafür.
Bei Oma und bei vielen Leuten hat man kein Geld dafür übrig und nimmt einfach Zeitungspapier, das man vor der Benutzung durch Zerknüllen etwas weicher macht. Merkst du, in welchem Luxus du lebst?

Ich erlebe auch manchmal einen Luxus, von dem manche Kinder in deiner Zeit nur noch träumen. Mutti, Vati, Johanna und ich freuen uns die ganze Woche auf ein Hörspiel, das am Sonntag im Radio gesendet wird. Wir machen uns mit frischer Milch einen leckeren Kakao. Dann setzen wir vier uns gemütlich auf die Wohnzimmercouch vor den Radioapparat und hören zu.

Wann hast du das letzte Mal Radio gehört? Man kann sich die Dinge die man hört so schön ausfantasieren. Ich finde das macht richtig Spaß.
Und weißt du was? Kein Telefon stört uns. Wir haben nämlich keines. Das ist ganz normal. Kaum ein Privatmensch hat ein Telefon. An ein Handy oder Smartphone ist noch gar nicht zu denken. Der Computer für Jedermann ist noch nicht erfunden. Demzufolge gibt es keine Emails. Wir schreiben uns Briefe. Schön ist das. Die Postboten haben richtig viel zu tun.

Weil es keine elektronische Übermittlung gibt, über die man jeder Zeit das Meiste besprechen kann, merken wir uns alles was wir am Tag erleben, und abends erzählen wir uns das.
Überhaupt wird in den Familien viel erzählt. Es gibt ja keinen Fernseher, der immer was zu sagen hat. Auch Gesellschaftsspiele werden gespielt. Wir machen das oft bei schlechtem Wetter am Wochenende. Vati, Johanna und ich spielen gerne „Mensch ärgere dich nicht“. Wir lachen uns kringelig, wenn Vati rausfliegt.
Mutti liebt Rommé. Trotzdem spielen wir alle Spiele immer gemeinsam und haben viel Spaß dabei.
Manchmal schreiben wir auch einen Brief an Oma. Mutti hat eine schöne Handschrift und schreibt auf, was uns alles einfällt.
Wir schreiben Oma, dass wir nach dem letzten Besuch bei ihr gut zu Hause angekommen sind. Und dass wir uns schon alle auf das Osterfest freuen, was wir bei ihr in Köpenick verbringen werden.

„Sie soll den Kater Muts schön grüßen“, sage ich. Mutti gibt mir den Füller und sagt: „Das kannst du schon selbst. Oma freut sich.“

Vati wundert sich, dass ich alles richtig schreibe, was ich bei Weitem nicht immer mache, wie du vielleicht schon gemerkt hast!
Auch Zeichnen ist nicht meine Stärke, aber ich habe trotzdem Einiges für dich in deiner Zeit gemalt, damit du was zum Angucken hast.

Johanna will jetzt auch einen Satz an Oma loswerden: „Ich freue mich ganz doll auf das leckere Essen bei Dir.“
„Wie schön das Gör schreibt“, sagt Vati. Johanna wird rot vor Freude. „Gör“, sagt Vati immer sehr liebevoll. Ich weiß gar nicht, woher das Wort kommt. Wenn er es nett meint, sind wir seine „Gören“.

Zum Schluss schreibt Vati mit seiner ordentlichen Schrift darunter: „Viele Grüße Gerhard“.
Der Brief ist fertig. Johanna und ich dürfen ihn zum Briefkasten bringen. Er wird in ein paar Tagen bei Oma sein. Die Post von Westberlin nach Ostberlin geht oft recht langsam.

Nachdem wir den Brief eingesteckt haben, sollen wir mit der Milchkanne Milch vom Bauern in der Nähe holen.
Er hat zwei Kühe, Trude und Lina. Die melkt er jeden Tag mit der Hand. Johanna und ich dürfen die beiden streicheln.

Bei dir in deiner Zeit stehen ja massenhaft Kühe in den Ställen und werden elektrisch gemolken.
Sowas kann ich mir überhaupt nicht vorstellen.

Milch in Glasflaschen gibt es in unserer Zeit auch schon im Laden zu kaufen. Milchtüten sind noch gar nicht erfunden.

Abends vor dem Schlafengehen trinken Johanna und ich ein Glas Milch.
Dann putzen wir uns mit kaltem Wasser die Zähne und waschen uns ein wenig. Es ist ja kalt im Badezimmer. Also beeilen wir uns.

In der Mitte unseres Schlafzimmers steht das Ehebett, in dem Mutti und Vati schlafen.
An den Seiten befinden sich unsere Kinderbetten. Meines links, Johannas rechts. Aber jetzt hüpfen wir in die Ehebetten und kuscheln uns gemütlich in die dicken Federnteile.
Mutti liest uns aus einem „Gutenachtgeschichten" Buch jeden Abend vor.
Doch erst beten wir. Mutti meint, das kann nichts schaden. Wir beten immer das Gleiche: „Müde bin ich, geh zur Ruh. Schließe beide Äuglein zu. Vater lass die Augen dein, über meinem Bettchen sein. Hab ich Unrecht heut getan, sieh es lieber Gott nicht an. Deine Gnad und Jesu Blut, machen allen Schaden gut. Amen."

Ich bin überzeugt, dass der Liebe Gott sich darüber freut und besonders gut auf uns aufpasst.

In die Kirche gehen wir nur Weihnachten mit Oma. Ansonsten ist Religion bei uns kein Thema. Nur in der Schule natürlich. Da haben wir zwei Mal in der Woche „Christenlehre“ bei Frau Storm. Alle Kinder in der Klasse nehmen ganz selbstverständlich daran teil. In deiner Zeit heißt das Unterrichtsfach wohl „Religion“?
Ich finde es sehr wichtig, über den Sinn des Lebens nachzudenken und zu erfahren, was die vor uns vom Leben verstanden haben. Es gibt ja nicht nur die sichtbare Welt, sondern viel Unsichtbares.
Denk mal an die Luft oder das Gefühl der Gemütlichkeit, Geborgenheit oder Liebe. In diesen Sphären muss man sich genauso gut auskennen, wenn das Leben funktionieren soll.

Aber jetzt liest Mutti erst mal die Gutenachtgeschichte vor. Und das ist einfach eine feine Sache. Johanna und ich fühlen uns geborgen. Anschließend hüpft jeder in sein eigenes Bett. Das machen wir ganz schnell, denn das Schlafzimmer wird nicht geheizt und die Betten sind total kalt.
Die müssen erst mal durch unsere Körperwärme warm werden. „Brr, schnatter!“, sagen wir.

Irgendwann gehen auch Mutti und Vati schlafen. Am Wochenende quasseln wir vier manchmal bis in die Nacht hinein oder machen auch mal eine Kissenschlacht quer durch das Schlafzimmer. Wenn von der Kälte Eisblumen an den Fensterscheiben sind, erzählen wir uns dazu ausgedachte Geschichten. Das macht warme Gefühle!

Ich finde es übrigens super, beim Aufwachen nicht allein zu sein.

Vati steht immer als erster auf. Auch wenn der Ofen im Wohnzimmer im Sommer nicht geheizt werden muss oder es Wochenende ist. Obwohl er Polizist ist, muss er am Sonntag nie arbeiten gehen. Vielleicht weil er uns Kinder hat?

Ach, bei uns hat kein Laden am Sonntag auf. Das finde ich gut, weil man da Zeit für seine Familie hat.
Wir frühstücken dann alle vier schön gemütlich im Wohnzimmer am Tisch und überlegen gemeinsam, wo hin wir unseren Sonntagsausflug machen.
Mutti, Johanna und ich waschen gemeinsam ab. Vati braucht da nicht mit machen.
Er geht ja arbeiten, um für uns alle das Geld zu verdienen. Das habe ich ja erzählt.

Einen Geschirrspüler hat noch keine Familie.
Weil aus dem Hahn nur kaltes Wasser kommt, machen wir es auf dem Herd heiß.
Wir müssen uns mit dem Abwaschen beeilen. Das Wasser wird schnell kalt.

Heute ist Sonntag. Mutti macht für unseren Ausflug noch ein paar belegte Stullen und packt für jeden von uns einen Apfel ein. Die haben wir aus Omas Garten mitbekommen.
Wir laufen gemeinsam ziemlich weit bis an die Havel. Es macht Spaß, weil es alles Mögliche zu entdecken gibt.

Am Wasser setzen wir uns auf unsere Decke und picknicken. Vati überlegt, wer alles da unten im Fluss lebt.
Er hat eine rege Fantasie: „Die Flusskrebsfamilie picknickt auch gerade", meint er.
Mutti sagt: „Aber die Flusskrebsoma fehlt. Ihr ist der Weg zu weit". Johanna fragt, ob die Oma der Krebse auch hinter einer Stacheldrahtgrenze wohnt.
„Den Krebsen geht es ja wie uns", lacht Vati richtig erstaunt.
Johanna sucht im völlig klaren Wasser nach der Krebsfamilie und dem Stacheldraht.
„Ich glaube, dass Krebse nicht so doof sind wie wir Menschen", meint Mutti. „Die bauen keine Grenzen zwischen Familien."
„Aber Ostern sind sie alle zusammen", sage ich.

Mutti packt die Stullen und die Äpfel aus. „Die Äpfel sind aus Omas Garten", sagt sie.
„Dann sind sie was Besonderes", meint Vati. „Ostäpfel", sagt Johanna. „Hm, lecker."
Alles, was aus Omas Garten kommt, ist besonders toll, musst du in deiner Zeit wissen. Wir haben keinen Garten. Und Obst kaufen ist teuer. Es gibt auch nicht so viel.

Wir schmatzen schweigend vor uns hin und hören den Vögeln beim Zwitschern zu.
Ein kleiner Ausflugsdampfer kommt langsam angeschippert.
Es gibt nur wenige Schiffe auf der Havel, darum ist das Wasser noch ganz sauber.

Die Leute winken uns von Bord aus zu. Wir vier winken fröhlich zurück.
Warum winken die Menschen in deiner Zeit sich kaum noch zu?
Kannst du mir darauf eine Antwort geben?

Ein ganz normaler Schultag

Sonntage haben den Nachteil, dass nach ihnen ein Montag folgt. Und der ist ein ganz normaler Schultag. Da hat sich von meiner zu deiner Zeit nichts verändert.

Aber mal ganz ehrlich: Wir haben mit unserm Land doch großes Glück. Wir dürfen zur Schule gehen. Du denkst vielleicht gerade: „Wir müssen".

Stell dir vor, du wärst in einem Land geboren, wo keiner darauf achtet, dass du was lernst. Solche Länder gibt es ja. Auch noch in deiner Zeit! Ich schwöre dir, du würdest die Kinder beneiden, deren Eltern sich Schulgeld leisten können.

In der Zeit, wo die was Wichtiges für ein eigenes gutes Leben lernen, müsstest du arbeiten und morgens um 5 Uhr, an einem weit entfernten kalten See, auf ein feuchtes Fischerboot steigen. Dann mit vier übelgelaunten alten Fischern raus fahren, um Netze zum Fischfang auszuwerfen. Die ganze Zeit stürmischer Wind und Regen. Wehe, du machst einen Fehler. Dann gibt es kräftig eins an die Ohren!

„Das würde ich mir nicht gefallen lassen!", denkst du? Abhauen und so was…?
Um abhauen zu können braucht man ein Ziel, zu dem man dann hin kann. Und das gibt es in den Ländern, wo Kinder in unserem Alter arbeiten müssen, nicht.

Die Eltern würden dich zurückprügeln. Sie brauchen das Geld, das du verdienst.
Freunde würden dich auslachen und für verrückt halten. Sie wissen, dass man arbeiten muss, um Geld zum Leben zu haben. Sonst ist verhungern dran. Wirklich!
Keiner würde dir helfen.
Soziale Leistungen, Kinderschutz, helfende Polizisten, gibt es in diesen Ländern für solche Fälle nicht.
Das ist nur ein Beispiel von vielen. Es gibt noch viel schlimmere Tatsachen!
Da haben Kinder keine Chance ihrer Situation zu entkommen.

Um ein wirklich gutes Leben zu haben, brauchen wir all das Zeug, was wir täglich in der Schule lernen. Und zwar in jedem Schulfach. Keines ist unwichtig. Sogar Musik. Singen fördert die Schwingung in uns drin. Auch wieder etwas nicht Sichtbares!
Ohne Musik würden wir manchmal mit unseren Gefühlen Schwierigkeiten kriegen. Wohlklingende Musik kann uns beruhigen und uns beim Leben helfen. Musik kann aber auch das Gegenteil bewirken. Sie kann uns krank werden lassen.
Den richtigen Umgang damit lernt man außerhalb der Schule kaum. Und schon gar nicht kostenlos!
Unsere Musiklehrerin ist super. Von der habe ich das alles gelernt.

Mathematik brauchen wir, um richtig Denken zu lernen, sagt mein Mathe Lehrer.

Der ist auch total nett. Das Gehirn braucht Training. Und außerdem muss man ein Leben lang immer wieder lebenswichtige Dinge berechnen können. Wer das nicht kapiert, gehört zu den Verlierern.

Johanna kann ihre Mathe Lehrerin nicht leiden. „Sie erklärt uns gar nichts“, sagt sie.
Mutti meint: „Da musst du durch. Leben ist eben manchmal schwer oder ungerecht.“

In deiner Zeit laufen ja viele Eltern gleich zu den Lehrern und beschweren sich. Das ist bei uns undenkbar und wäre uns Kindern peinlich.

Unsern uralten Sportlehrer kann ich nicht leiden. Der jagt uns immer durch die eiskalte Turnhalle. Außerdem brüllt er viel.
Vati hat mir aber erklärt, warum Sport wichtig ist. „Ich soll mich nicht so zickig anstellen“, sagte er. „Sport brauchen wir für unseren Körper. Wer sich nicht regelmäßig über das übliche Maß bewegt, wird fett oder früher krank als andere.“
Okay, also ist Sport auch gebongt. Vati muss es ja wissen. Bei der Polizei kann man keine unbeweglichen Leute gebrauchen.

Deutsch brauchst du, um nicht peinlich rumzustottern oder bei jedem Zettelchen, das du wem schreibst, ausgelacht zu werden.
Außerdem musst du gut lesen können und Spaß daran haben, wenn du mitkriegen willst, was im Leben Wichtiges für dich da ist.

Mutti geht mit uns Kindern einmal im Monat in die Bücherei.
Da dürfen wir uns dann Bücher ausleihen, die wir zu Hause lesen. Ich liebe Abenteuerbücher. Und du?

Fremdsprachen sind wichtig, damit du die vielen fremden Worte verstehst und dich auf Reisen und auch später im Job besser zur Geltung zu bringen kannst.
Du in deiner Zeit brauchst wohl die Worte, um die Computersprache zu verstehen?
Oje! Bin ich froh, dass diese Dinger in meiner Zeit noch nicht erfunden sind. Ich möchte nicht abhängig sein von sozialen Netzwerken, Chatrooms und sonstigen Foren. Ich möchte auch nicht alles den andern mitteilen müssen.
Gedanken für sich behalten, finde ich megawichtig! Das lässt frei und unabhängig sein. Ich habe keine Angst vor dem Alleinsein. Darum kann mich keiner erpressen!
Weißt du, ich will auch all meine Freunde beim Unterhalten lebendig und nah erleben und spüren können, was wirklich abgeht. Aus der Ferne fühlt man zum Beispiel kein Schummeln!
Und wenn ich sie jederzeit überall erreichen könnte, würde auch die Vorfreude weg fallen. Das wurde mir richtig doll fehlen!

Aber was die Computer anbelangt, kann ich in meiner Zeit eigentlich nicht wirklich mitreden. Ihr liebt diese Dinger ja sehr und das Internet ist für eure Zeit wohl auch sehr hilfreich.

Mutti sagt dazu: „Jede Zeit hat ihre Besonderheiten. Darum brauchst du dringend den Sachkunde- und Geschichtsunterricht. Um zu verstehen wie Leben funktioniert und welche Fehler du von Anfang an klugerweise vermeiden kannst.“
Verstehst du, wir brauchen das Schulwissen, wenn wir ein besseres Leben, als die meisten von uns, haben wollen. Darum sage ich: „Wir dürfen zur Schule gehen.“

Ihr in eurer Zeit habt ja als Währung den Euro. Stell dir vor, deine Mutter müsste für jede Schulstunde so 20 € bezahlen. Könnte sie das bezahlen oder müsstest du arbeiten gehen, wie das Kind auf dem Fischerboot?
Meine Eltern könnten nicht mal 1 DM bezahlen. Johanna und ich müssten arbeiten!

Weißt du in deiner Zeit eigentlich, dass du zu den reichen Kindern der Welt gehörst? Weil du ein eigenes Bett, vernünftiges Essen, Kleidung, Bildung, genug Wasser und auch ein Wasserklosett (WC) hast. Verrückt was? Aber es ist tatsächlich so.

Du in deiner Zeit, ich in meiner Zeit, wir leben in einem guten Land. Weil wir genug Möglichkeiten haben und frei entscheiden können, wie wir später leben werden. Wir schaffen hoffentlich keine Mauern in unseren Köpfen!
Wer allerdings seine Schulzeit vermasselt, muss sich später über ein katastrophales Leben nicht wundern.

Ich habe auch nicht in jedem Fach eine Eins. Aber ich gebe mir immer Mühe, wach und aufmerksam dem Unterricht zu folgen. Auch wenn manche Lehrer total doof und ungerecht sind. Mit denen muss man halt umgehen lernen.

„Unangenehme Leute werden uns ein Leben lang begegnen“, sagt Mutti. Du in deiner Zeit hast doch auch Lehrer, die total doof sind, oder?

Vati sagte neulich, sein Chef ist ein totaler Idiot. „Was der von uns Polizisten alles verlangt. Unglaublich!“ Johanna und ich wollten mehr wissen, aber aus Vati war nichts rauszukriegen!
Wenn ich mir vorstelle, dass Peter Kröwer, der in meiner Klasse immer vorne sitzt, mal mein Chef werden könnte, wird mir übel! Peter verpetzt alles und macht sich bei den Lehrern „Lieb Kind“. Keiner kann ihn richtig leiden. Ich glaube, ihr in eurer Zeit nennt solche Klassenkameraden „Schleimer“, oder?

Herr Werner, unser Klassenlehrer, sagte neulich, wir sollen uns an Peter ein Beispiel nehmen! Peter hatte mal wieder in Mathe die einzige Eins.
Keiner hat auch nur einen „Mucks“ gesagt. Aber gedacht haben wir alle das Gleiche.

Mein Schulfreund Gabriel hatte eine Fünf geschrieben. Er hat ein schreckliches Zuhause und kaum Ruhe zum Lernen. Sein Vater ist Schaffner bei der Straßenbahn und säuft nach Feierabend in einer Berliner Eckkneipe viele Biere und Schnäpse.

Er kommt täglich betrunken nach Hause. Dann verhaut er Gabriel einfach so, ohne jeden Grund. Schrecklich!

Da frage ich mich, ob mein Schulfreund die gleichen freien Möglichkeiten zum Lernen hat wie ich. Natürlich nicht. Trotzdem gibt er nicht auf. Manchmal überlege ich, wo er die Wut über seinen Vater hin steckt. Er lässt sie nie an andern aus. Das finde ich super.
Im Sportunterricht ist er um Längen besser, als die meisten von uns. Vermutlich nutzt er die Wut auf seinen Vater, um mit „Schmackes" ein Tor zu schießen oder mit vollem Dampf über den Bock zu springen.
„Was mich nicht umbringt, macht mich hart", sagt er manchmal und lacht so traurig.

Mathe üben wir gelegentlich bei uns zu Hause. Gabriel mag meine Mutter und sie mag ihn. „Er ist ein so bescheidener und netter Junge", findet sie.
Gabriel futtert gerne Zuckerstullen. Was anderes kennt er von zu Hause nicht. Wurst und Käse findet er eklig. Das kann ich ihm auch nicht ausreden. Also macht Mutti ihm Zuckerstullen. Und dafür bedankt er sich jedes Mal gleich ein paar Mal.

Pausenbrote kriegt Gabriel meist keine mit. Sein Vater versäuft ja sein Geld in der Kneipe. Gabriels Mutter hat zu Hause eine Nähmaschine und näht für fremde Leute Sachen. Viel Geld kriegt man in meiner Zeit für sowas nicht.

Aber ohne das Nähen würden Gabriel und seine zwei älteren Brüder vermutlich verhungern.
Die Nähmaschinen sind nicht elektrisch angetrieben, wie in deiner Zeit. Man muss unten mit den Füßen hin und her treten. Mutti hat auch so eine Maschine. Sie steht im Wohnzimmer. Ich mag das Rattergeräusch, wenn sie damit etwas näht.

Johanna und ich kriegen oft Leberwurststullen mit. Ich gebe Gabriel davon ab.
Soviel Wurst- und Käsesorten, wie in deiner Zeit, gibt es bei uns nicht.
Hast du dich schon mal über deine Pausenbrote gefreut?
Es gibt so viele Kinder in unserem Alter, die täglich Hunger haben und sogar für meine einfache Leberwurststulle meilenweit laufen würden.

Bei uns kommen alle Kinder zu Fuß zur Schule. Man muss in die gehen, die zum Wohnort gehört.

Ihr in eurer Zeit dürft euch ja auch an anderen Schulen anmelden. Ich weiß nicht, ob ich das gut finde. Viele hauen beim ersten Problem in die nächste Schule ab. So wird man doch nicht stark für das Leben!
Vati sagt immer: „Probleme sind dazu da, dass man sie überwinden lernt. Wer davor abhaut, hat keinen Mumm in den Knochen. Man muss doch mit dem Leben umgehen lernen!“ Ich finde, er hat Recht.
Wer abhaut, ohne das Problem zu lösen oder es wenigstens zu versuchen, ist ein Feigling.
Mutti sagt: „Manches muss man auch aushalten lernen.“ Finde ich auch.

Fällt dir in deiner Zeit das Aufstehen auch so schwer? Ich bin immer total sauer, wenn ich aus meinem warmen Federbett raus muss. Vor allem im Winter!
Vati ist dann manchmal noch im Bad und rasiert sich. Das halbe Gesicht ist voller Schaum.
Wenn er gute Laune hat, schnipst er mir ein bisschen Schaum an meine Wange. Ich schreie dann „Igitt!“. Johanna kommt angerannt und will auch Schaum abhaben. So wird es ein fröhlicher Morgen. Mutti steht, mit einem dicken Bademantel bekleidet, in der Küche und hat für uns alle Tee und kleine Butterschnittchen gemacht.
Wir haben alle die warmen braun/beige karierten Hausschuhe an. Sie sind von Oma aus dem Osten.

Unsere Pausenbrote liegen, in Butterbrotpapier eingepackt, auf dem Küchentisch.

Das Papier wird mehrfach benutzt. Es kostet schließlich Geld. Alle machen das so.
Du in deiner Zeit hast bestimmt eine hübsche Dose für deine Brote. Purer Luxus!
Vati bekommt sogar einen Apfel aus Omas Garten mit. Johanna und ich gönnen ihm den von ganzem Herzen. Er ist unser Familienoberhaupt. Es steht ihm zu.
Johanna und ich gehen gemeinsam los. Unser Schulweg dauert nur ein paar Minuten. Wir gehen übrigens auch am Samstag in die Schule. Unterwegs treffen wir viele Klassenkameraden und deren Geschwister.
In meiner Zeit ist es ganz normal mehrere Geschwister zu haben. Einzelkinder gibt es eher wenige. Monika Reinart hat sechs Geschwister. Keiner staunt darüber.
Norbert Schilling hat einen Zwillingsbruder und noch fünf Schwestern. Alle haben denselben Vater und dieselbe Mutter.
Viele dieser großen Familien haben in ihrer Wohnung nur ein kleines Zimmerchen mehr als wir.
Keiner von uns lästert darüber. Und ihr in eurer Zeit?
Bei euch werden ja viele Kinder mit einem Auto direkt vor das Schultor gefahren.
Unvorstellbar für uns. Es ist doch sehr gesund, seine Beine zu benutzen.

Sag mal, was sind das für komische Stöpsel mit Bändern dran in euren Ohren?
Ist das etwa ein Musikgerät? Da hört man doch gar keine Vögel mehr zwitschern!

Oder habt ihr das in den Ohren, weil ihr eure Streitereien nicht mehr ertragen könnt?

Streitereien gibt es bei uns auf dem Schulweg auch. Aber sag mal, was benutzt ihr denn für böse Worte, die ihr euch so ganz normal öfter entgegenschleudert?
Wir würden von der Schule fliegen, wenn wir auch nur eines davon zu jemand sagen würden.
Und was heißt „alles klar Alter"?

Wir bekommen für Betragen Noten. Die meisten Kinder haben eine Eins oder eine Zwei.
„Betragen mangelhaft". Unvorstellbar so was auf dem Zeugnis vorzufinden!
Wir würden uns fürchterlich schämen. Und alle würden schlecht über die Eltern von diesem Kind denken. Man sagt doch: „Der Apfel fällt nicht weit vom Stamm".
Keiner will, dass über seine Eltern schlecht geredet wird. Das schafft Mauern zwischen Menschen!
Mich würde brennend interessieren, warum euch in eurer Zeit das so egal ist.

Alle haben Respekt vor den Lehrern. Wir halten ihnen immer die Türen auf und grüßen sie selbstverständlich höflich.

Mutti sagt: „Lehrer sind Respektspersonen, auch wenn sie mal nicht gut drauf sind. Sie bringen dir wichtige Dinge bei, ohne die dein Leben nicht gelingen würde." Ich finde sie hat Recht.

„Aus dir muss erst mal was werden, bevor du das Recht hast, etwas zu verlangen“, sagt Vati manchmal. Auch richtig.
Und warum bekommt ihr in eurer Zeit solche wichtigen Informationen kaum noch geliefert?
Was ist denn nur mit euren Erwachsenen los? Denken die gar nicht mehr an eine gute Erziehung? Ich hätte so gerne eine Antwort von dir.

Wenn man sich ein schlechtes Verhalten angewöhnt wird man das unter Umständen gar nicht mehr los und fliegt später aus den Arbeitsstellen raus.
Dann muss man verhungern oder so was ähnliches.
Ihr müsst doch an eure Zukunft denken!
Pass bloß gut auf dein Leben auf!

Wenn ein Lehrer oder eine Lehrerin in die Klasse kommt, stehen wir natürlich auf. Keiner käme auf die Idee, sitzen zu bleiben. Im Unterricht herrscht Ruhe. Das ist doch selbstverständlich!
Mir wird ganz übel, wenn ich in eure Zeit schaue. Schüler gehen mit Eltern und Lehrern um, als wären es ihre Kumpels. Und was ich am allerschlimmsten finde, viele Erwachsene lassen sich das bei euch gefallen! Findest du das gut?

Also, ich lerne jede Menge im Unterricht. Jeden Tag. Selten stört mal ein Kind.
Das trauen wir uns gar nicht. In eurer Zeit müssen die Lehrer sich ständig um irgendwelche Störenfriede kümmern. „Ich mag das jetzt nicht tun!“, sagt bei euch ein Erstklassenkind zu seiner Lehrerin.

Und die geht dann auch noch freundlich darauf ein! Oder ein Junge in einer dritten Klasse schreit laut im Unterricht los: "Ich mache das nicht und wenn ich das muss, zünde ich die Schule an!"
Bei uns gäbe es ein paar an die Ohren. Der würde das nie wieder sagen.

Mir fällt auf, wie viele Kinder in eurer Zeit ihre Buntstifte einfach aus Spaß zerbrechen und irgendwo hin werfen.
Meine Güte, wir sind froh, wenn wir rot, blau, grün, gelb, schwarz und braun haben.
Ihr habt so viele schöne Farben. Und dann auch noch Filzstifte, Feinliner, Gel- und Glitzerstifte. Wo die überall liegen bleiben!
Und keiner sucht sie! Das Schärfste ist, dass eure Eltern euch einfach neue kaufen.
Warum tun die so was?
Wo soll das hinführen?

Mutti und Vati schenken jedem von uns einmal im Jahr zu Weihnachten sechs Buntstifte. Die pflegen wir natürlich.
Keiner in meiner Klasse geht schluderich mit seiner Federtasche um. Auch der Radiergummi und der Bleianspitzer werden sorgfältig verwahrt.
Bei euch fliegen die teilweise wie Geschosse durch die Klasse und bleiben irgendwo liegen. Fürchterlich.

Unsere Schultaschen sind übrigens aus Leder und kleiner als eure. Auch damit gehen wir ordentlich um. Es ist kein Geld da, um neue zu kaufen.

Wenn ich bei euch Kinder sehe, die ihre schönen bunten Schultaschen am Riemen durch die Luft schleudern oder hinter sich her schleifen, wird mir ganz schlecht.

Schule schwänzen ist bei euch ja auch keine Seltenheit mehr. Wie wenig dagegen unternommen wird, ich kann es kaum glauben! Wenn bei uns mal einer schwänzt, spricht die ganze Schule darüber. So eine Seltenheit ist das.

Hausaufgaben macht in meiner Zeit eigentlich jeder. Es gäbe sonst auch mächtig Ärger. Das muss man nicht haben. Ich verstehe gar nicht, warum bei euch so viele einfach ihre Hausaufgaben nicht dabei haben. Wie soll das denn später werden, wenn ihr groß seid und keiner mehr in der Lage ist, dein Land richtig in Ordnung zu halten?

Dann kommen Menschen aus anderen Ländern, die ihre Schularbeiten gemacht haben und darum Ahnung haben. Und ihr müsst machen, was die befehlen. Wollt ihr das? Wenn nicht, macht eure Hausaufgaben!
Und hört auf mit dem ganzen Blödsinn, der einen ordentlichen Unterricht verhindert.

Manchmal machen wir auch Blödsinn. Gegen euren ist der harmlos. Wir steigen auf die Klos und gucken in die Nachbarzellen. Ich finde das witzig. Natürlich kriegen wir Ärger, wenn das rauskommt. Wir müssen einen Aufsatz schreiben, warum wir das gemacht haben. Den schreibt dann auch jeder.
Sonst musst du schriftlich erklären, warum du ihn nicht geschrieben hast. Notfalls beim Nachsitzen. Dann holen die Eltern unter Umständen noch den Ausklopfer raus…! „Aua, mein Popo!" Nee danke!

Klopapier gibt es in unserer Schule nicht. Das muss sich jeder mitbringen. Könntest du in deiner Zeit das nicht mal als Idee einbringen? Vielleicht freut sich dein Rektor oder deine Rektorin.
Ich dachte ich sehe nicht richtig, wie viele Kinder in eurer Zeit das kostbare Papier einfach meterweise abrollen und aus purem Blödsinn ins Klo stopfen. Dass euer Hausmeister stinksauer ist, kann ich verstehen.

Ach, das muss ich dir unbedingt erzählen: Es gibt bei uns jeden Tag Schulspeise. Dazu muss jeder einen Essenstopf mitbringen.

In der großen Pause bekommt man etwas warme Suppe oder auch mal warmen Kakao in seinen Topf. Gabriel freut sich immer sehr darauf.
Keiner käme auf die Idee, diese Kostbarkeiten wegzuschütten.
Ich darf gar nicht an eure Papierkörbe denken. Ganze Bananen liegen darin! Nur weil einer keine Lust hat, die zu essen. In unserer Zeit würden wir die raus holen und glücklich sein, eine Banane essen zu können. Schade, dass so was nicht möglich ist. Aber vielleicht erfindet ihr die Zeitreise auch noch. Im Erfinden seid ihr ja gut.

Eure Zeit hat Arbeitsbögen und Schnellhefter erfunden. So was gibt es bei uns nicht.
Wir haben Schulhefte und müssen sehr viel von der Tafel abschreiben. In jedem Fach. Da lernt man gut schreiben, das kannst du mir glauben.
Ihr würdet stöhnen, wie ich euch kenne. Und vor Verzweiflung am Bleistift kauen.
Übrigens habt ihr in eurer Zeit bessere Zähne als wir. Unsere wachsen wie die Natur es halt so hergibt. Ihr in eurer Zeit habt da so Erfindungen gemacht, die eure Beißer schön gerade wachsen lassen. Vermutlich eine wichtige Sache, da ihr euch wirklich durchbeißen müsst.

Wenn ich an eure Discos denke. Das flackernde Licht, die laute Musik. Da braucht man schon starke Nerven! Ich hätte die dafür nicht. „Schuldisco“, habe ich in eurer Zeit mal wo gelesen. An so was ist in meiner Zeit nicht zu denken.

Vielleicht brauchen wir das nicht, weil wir ohnehin so viel in Bewegung sind. Wir müssen ja Kohlen und Kartoffeln die Treppen hoch schleppen. Du weißt schon.
Übrigens essen wir viele Kartoffeln. Es gibt extra Kartoffelläden.
Merkst du, ich denke schon ans Mittagessen.

Wir haben spätestens um 13.20 Uhr Schulschluss. Dann gehen alle Kinder nach Hause, wo schon die meisten Mütter mit dem Mittagessen warten.

Einige Kinder haben einen Schlüssel um den Hals und sind erst mal mit sich oder ihren Geschwistern allein zu Hause.
Die meisten Mütter haben ein Mittagessen warm gestellt. Dazu wickeln sie einen Kochtopf mit Zeitungspapier dick ein. Dann ab ins Schlafzimmer unter das Federbett.
Es gibt viel selbst gemachten Eintopf. Kartoffelsuppe, grüne Bohnen, Wirsingkohl, Weißkohl, dicke Bohnen, Mohrrübeneintopf.
Ihr habt die Mikrowelle zum warm machen. So was kennen wir nicht. Natürlich auch keine Tiefkühltruhe mit Fertiggerichten, wo man sich einfach mal was machen kann.

Halbtags- oder Ganztagsschulen brauchen wir nicht. Unsere Mütter sind ja überwiegend zu Hause und für uns da.
Dafür habt ihr den Hort und die Erzieher und Erzieherinnen.

Das ist ja auch sehr nett. Ihr könnt schön mit andern Kindern spielen und gemeinsam essen. Außerdem könnt ihr unter Aufsicht eure Hausaufgaben machen und euch gut helfen lassen. Warum trotzdem so viele ihre Hausaufgaben nicht dabei haben, wird mir ein Rätsel bleiben.

Wir in unserer Zeit machen unsere Hausaufgaben zu Hause. Jedes Kind hat in den Wohnungen irgendwo seinen Stammplatz wo es gut arbeiten kann. Manche Plätze müssen erst frei geräumt werden. Und manche Plätze sind auch weniger gut.
Wie bei Gabriel zum Beispiel. Da liegen überall die Stoffe und Nähsachen von seiner Mutter rum. „Wenn ich die anfasse gibt's eins auf die Rübe!", sagt er.
So was macht natürlich große Probleme.

Gudrun hat ihren Hausaufgabenplatz in der Küche. Manchmal sind Fettflecke in ihren Schulheften.
Herr Werner, unser Klassenlehrer, geht damit nett um. „Lass mich schnuppern", hat er neulich gesagt, „ich glaube, diesmal war es Kartoffelsuppe." Dann hat er Gudrun nett über ihr blondes Haar gestreichelt und gesagt: „So fleißig wie du bist, kannst du dir später ein Haus kaufen. Dann hast du keine Platzprobleme mehr." Gudrun ist ganz rot geworden und hat sich mächtig gefreut.

Wenn ich von der Schule nach Hause komme, macht Mutti die Tür auf und fragt: „Na, wie war`s in der Schule?" Dann gibt es erstmal eine Kleinigkeit zu Essen und wir erzählen.

Wir sitzen am Küchentisch, es ist gemütlich. Eine Stunde später kommt meist Johanna. Sie ist älter und hat schon mehr Stunden.
Nach dem Essen machen wir unsere Hausaufgaben.

Mein Hausaufgabenplatz ist im Wohnzimmer neben der Balkontür. Es ist ein kleiner schmaler brauner Schrank mit vielen Fächern.
Ich öffne eine Klappe und fertig ist mein Schreibtisch.

Johannas Schränkchen steht im Schlafzimmer in einer Ecke. Wenn es sehr kalt ist, kommt sie mit ihren Hausaufgaben ins Wohnzimmer an den Wohnzimmertisch.
Dann quatschen wir natürlich viel und Mutti meckert: „Wenn ihr nicht aufhört, kommt ihr nicht mit zu Oma!"
Wir sind sofort still.
Nicht zu Oma, was Schlimmeres gibt es gar nicht!
Merkst du, auch in meiner Zeit vergessen wir gelegentlich, wozu die Schule und das Lernen zu Hause da sind.

Nach den Hausaufgaben gehen wir manchmal mit Mutti einkaufen oder erledigen Hausarbeiten. Kohlen müssen aus dem Keller hoch geholt werden, der Müll und die Asche müssen nach unten ins Müllhaus oder der Abwasch hat sich angesammelt und will erledigt werden.
„Ich brauche Hilfe beim Abwaschen!", tönt Muttis Stimme dann durch die Wohnung. „Beeilt euch mit den Schulaufgaben!"

Bei euch in eurer Zeit gibt's ja oft Geschirrspüler. Das ist natürlich toll.
Unser Abwaschen ist sehr umständlich. Das habe ich dir ja schon erzählt.
Für Spielen bleibt in der Woche meist wenig Zeit.

Gegen 17.30 Uhr kommt Vati meist von der Arbeit. Darauf freuen wir drei uns immer sehr.
Wenn es klingelt springen wir auf und rennen zur Tür.
Wir kriegen alle einen Kuss und dann muss Vati sich erst einmal vom Tag erholen.
Er legt sich auf die Couch im Wohnzimmer und schläft eine Runde. Wir sind mäuschenstill.

Mutti macht jetzt warmes Essen für uns alle. Johanna und ich decken leise den Wohnzimmertisch. Erst wenn alles fertig ist, wird Vati geweckt.
Dann essen wir vier schön gemütlich und erzählen uns vom Tag.

Jeden Tag hat Vati in seiner Aktentasche die Tageszeitung. Da stehen die wichtigen Dinge drin, die in unserem Land und in unserer Stadt oder in andern Ländern geschehen sind.
Er kauft sie an dem kleinen Kiosk direkt neben der Bushaltestelle.

Einmal im Monat spendiert Vati für Johanna und mich ein Heft mit bunten Bildern, die ein bekannter Amerikaner im Comicstil gezeichnet hat.

Es sind lustige Geschichten. Darauf warten wir immer sehnsüchtig. Johanna und ich sitzen dann rechts und links neben ihm auf der Couch und Vati liest vor.
Er mag die Geschichten genau so gerne wie Johanna und ich.
Mutti, die derweil in der Küche abwäscht, ruft dann manchmal lachend: „Gerhard, hör auf den Kindern diesen Blödsinn vorzulesen! Du versaust sie noch vollständig!"
Wir wissen alle, dass sie das nicht sehr ernst meint.

Normalerweise aber liest Vati nach dem Essen seine Tageszeitung und gibt Mutti einen Teil davon ab.
Sie möchte schließlich auch wissen was in der Welt geschieht und freut sich über die neuesten Nachrichten.
Johanna und ich waschen dann ab ab, das ist ja Ehrensache.

Manchmal machen wir noch ein gemeinsames Spiel oder sitzen zusammen im Wohnzimmer und jeder liest in einem Buch.

Wenn Oma geschrieben hat, liest Mutti den Brief vor und wir freuen uns riesig.
Meistens muss sie ihn zwei bis dreimal lesen.
Dann erzählen wir uns gegenseitig, wie unser nächster Besuch bei Oma werden wird. Wir überlegen, was wir ihr alles mitnehmen werden und hoffen ganz doll, dass an der Grenze nach Ostberlin alles gut gehen wird.

Osterferien bei Oma

Endlich kommt Ostern näher. Du in deiner Zeit weißt über den tiefen Sinn von Ostern sicher wenig. Es hat mit „Auferstehung“ zu tun. Alles kann sich verändern, lautet die wichtige Botschaft.

In der Schule haben wir Hühnereier bunt angemalt.
Auch aus einem Ei kann Neues entstehen.
Darum das Symbol des Ostereis.
Unsere Christenlehrelehrerin, Frau Storm, hat uns das beigebracht. Natürlich haben wir auch über den Tod und die Auferstehung von Jesus Christus gesprochen. Sie sagte, es sei ein Wunder. Dann meinte sie, es gäbe keine Wunder, nur Dinge die wir noch nicht erklären können. Könnt ihr in eurer Zeit das nun endlich entschlüsseln?

Jedes Kind musste ein ausgepustetes Ei mitbringen. Eier sind in unserer Zeit recht preiswert. Viele Leute haben freilaufende Hühner und verkaufen die Eier die sie übrig haben.
Wir haben gleich 10 Eier ausgepustet. Man piekt oben und unten vorsichtig ein Loch rein und pustet von oben fest in eines der Löcher. Unten kommt dann der Inhalt von dem Ei raus. Alles kommt in eine Schüssel. Mutti hat damit dann zwei leckere Kuchen gebacken.

Ein leeres Ei hat Johanna mit in die Schule genommen, eines ich. Die andern acht haben wir zu Hause mit unserem Tuschkasten schön angemalt.

In das obere Loch kommt etwas zusammen gedrehter Draht mit einem Faden zum Aufhängen. Fertig ist das Osterei. Mutti hat ein richtiges Händchen für so was.
Ich stelle mich damit eher ungeschickt an. Na ja, man kann nicht alles können.
Für Oma werden wir auch ein paar Ostereier mitnehmen.

Herr Werner hat einen ganzen Buschen Äste mitgebracht und sie in eine riesige Vase auf den Lehrertisch gestellt. Da hängen nun zweiundvierzig bunte Ostereier fröhlich herum. Jedes Kind hat eines davon schön angemalt. Mit Tuschfarben.
Falls du in deiner Zeit dich über die Zahl „42“ wunderst. Ja, wir sind genau so viele Kinder in der Klasse. Das ist ganz normal in meiner Zeit.
Ihr seid ungefähr fünfundzwanzig Kinder und macht gelegentlich einen Lärm wie sechzig.
Aber lassen wir das. Bald ist Ostern und ich freue mich wie doll und verrückt auf die Ferien. Weil wir doch zu Oma in den Osten fahren und sogar ein paar Tage bei ihr übernachten. Jeden Tag Oma, jeden Tag Kater „Muts“. Ein einziger Traum! Wir sind alle neugierig, was Oma inzwischen erlebt hat und was sie uns erzählen wird.

Ich stelle mir gerade vor, bei uns zu Hause gäbe es schon Telefon und Handys. Dann würden wir öfter mit Oma telefonieren und hätten uns bei ihr nichts mehr zu erzählen. Himmel, das wäre ja furchtbar! Wir hätten eine riesige Freude weniger.

Was machst du in den Ferien? Ich habe mitbekommen, dass es in eurer Zeit nicht wenige Kinder gibt, die lieber Schule hätten, als Ferien.
Erst konnte ich das gar nicht glauben. Doch dann habe ich mich in eurer Zeit gut umgesehen und verstanden, warum.
Es wird so wenig erklärt, was man mit dem Leben alles anfangen kann. Viele denken, dass ihr das schon selber wisst. Darum hängen bei euch so viele Kinder allein am Computer rum. Ich finde das traurig. Ihr habt doch sicher Lust auf andere Sachen. Ich denk mir zum Beispiel gern Geschichten aus.
Vor lauter Gedanken verplaudere ich mich manchmal. Ich will dir ja vom Osterbesuch bei Oma im Osten erzählen.

Mutti, Vati, Johanna und ich sind schon am Abend aufgeregt wie eine Tüte Mücken.
Alle Taschen sind gepackt. Wir wollen sieben Tage bei Oma bleiben. Länger hat Vati keinen Urlaub bekommen. Als Polizist muss er an der Grenze besonders vorsichtig sein. Es hat schon Verhaftungen gegeben. Kaum einer weiß, warum. Die DDR will immer wissen, was gegen ihren Staat Geheimes geplant wird. Umgekehrt natürlich genauso. Die BRD will wissen, was die DDR plant. Allerdings verhaftet der Westen nicht einfach Leute von der Straße weg. Da liegen dann schon wichtige Gründe vor, die dem Verhafteten auch sofort erläutert werden müssen.
Früh am Morgen geht unser Abenteuer „Osterausflug zu Oma“ los.

Mutti und Vati sind nervös. Sicher ist in den Taschen auch wieder einiges versteckt, was man nicht über die Grenze bringen darf. Am liebsten würde ich fragen. Aber Johanna zischt mir zu: „Halt bloß die Klappe!“ Also bin ich still.

Jeder bekommt von Mutti eine Tasche zum Tragen zugeteilt. Meine ist am kleinsten, ich bin ja auch am jüngsten. Wir laufen los in Richtung S-Bahnhof. „Wie still es noch ist“, sagt Vati, als wir die Straße lang laufen. Es ist Karfreitag und da fahren weniger Busse.

Mitten in die Ruhe hinein plötzlich ein lautes rasselndes und quietschendes Geräusch. Mutti verzieht ihr Gesicht. „Ein Panzer!“ Wirklich, von hinten kommt ein dicker Panzer von den Engländern angefahren. „Dass die um diese Zeit schon unterwegs sind.“ Vati wundert sich. Johanna und ich fassen uns bei den Händen. Wir finden diese Dinger gruselig. Sie erinnern uns an Krieg.

Aber da Berlin von den vier Siegermächten besetzt ist, müssen deren Militärfahrzeuge natürlich auch mal durch die Straßen fahren. Das kannst du dir in deiner Zeit nicht vorstellen, was?
Der Panzer quietscht und rasselt an uns vorbei. „Man, sind das dicke Ketten", sagt Johanna. „Da möchte ich nicht drunter kommen." Sie drückt ganz fest meine Hand.

Das grausige Geräusch entfernt sich langsam. Wir hören wieder das Zwitschern der Vögel. „Du kannst meine Hand loslassen", sage ich zu Johanna.

„In zwei Stunden sind wir bei Oma", meint Mutti. Ihre Stimme klingt erleichtert. Mutti hat den Krieg ja hautnah erlebt. Ich bin froh, nach dem Krieg geboren zu sein. Wenn ich mir vorstelle, dass Vati als Polizist den Krieg mitmachen musste, wird mir ganz mulmig zumute.
Wir laufen schweigend weiter. Vatis Gesicht wirkt angespannt und unheimlich ernst.

Am S-Bahnhof kauft Vati an einem Schalter vier Fahrkarten. Sie sind klein und aus Pappe. Die Fahrkartenverkäuferin sieht müde aus. Vielleicht hatte sie Nachtschicht und wird bald Feierabend haben.
Am Eingang zum Bahnhof steht ein Mann mit einer Roten Mütze.
Er knipst mit einer Fahrkartenzange ein Loch in jede Karte. Solche Berufe kennst du gar nicht, was? Ihr habt ja inzwischen Automaten für eure Tickets.

Der S-Bahnhof Gartenfeld ist eine Endstation. Die S-Bahn steht schon da und wir können einsteigen. Wir sind die einzigen Fahrgäste im Abteil. Die Bänke sind aus hellem Holz und alles ist sauber. In deiner Zeit werden eure Züge ja öfter mit allen möglichen Krakeln voll geschmiert. Mich erinnert das an Tiere, die ihr Revier mit ihrem „Pipi“ markieren.
Hast du eine Ahnung, warum Menschen zu „Schmierfinken“ werden?
„Schmierfink“ nennt Herr Werner Kinder, die ihre Schulhefte unordentlich führen.

Johanna und ich sitzen uns gegenüber. Jeder an einem Fenster. Vati und Mutti auf der anderen Seite, genauso wie wir. Wir freuen uns, dass jeder einen Fensterplatz hat. Die Taschen haben wir neben uns gestellt. Draußen ertönt der Pfiff einer Trillerpfeife.

Der Zug ruckt einmal richtig doll an und fährt langsam los. Johanna und ich drücken uns die Nasen an den Scheiben platt. Erst mal sind nur Gärten zu sehen. Die Bäume blühen, es ist Frühling. Dann kommen Häuser und später auch jede Menge Ruinen, die noch vom Krieg erzählen.
„Wie viele Menschen ihre Wohnungen verloren haben“, flüstert Johanna. Ich stelle mir die brennenden Häuser vor.
Ganze Straßenzüge gleichzeitig von Bomben getroffen! Furchtbar!

An den Bahnhöfen sind inzwischen ein paar Menschen mehr eingestiegen.

Es ist Feiertag und noch sehr früh. So ist genügend Platz. Wir können alle auf unseren Fensterplätzen sitzen bleiben.
Irgendwann sagt Vati: „So Gören, fertig machen zum Umsteigen.“ Sein Gesicht ist etwas angespannt. Der Grenzbahnhof „Friedrichstraße“ steht uns noch bevor.
Am nächsten Bahnhof steigen wir um.
Die neue S-Bahn ist voller. Wir finden aber vier Plätze zusammen und freuen uns.
Wir Kinder dürfen an den Fenstern sitzen. Wieder geht es an einigen Ruinen vorbei.
Dann ist es nur noch eine Station bis zur Grenze nach Ostberlin. Muti nimmt eine Tasche vom Sitz neben sich und stellt sie unten an die Füße. Johanna und ich gucken uns ängstlich an.
Am Bahnhof Friedrichstraße sind jede Menge DDR-Volkspolizisten. Die „Vopos“ laufen mit Gewehren über die Schultern gehängt umher. Ihre Gesichter wirken hart. Einer kommt in unser Abteil. „Grenzkontrolle, halten sie Ihre Ausweise bereit!“, ruft er laut im Befehlston. Alle halten ihre Ausweise in Richtung Gang und sind total still.
„Haben sie verbotene Sachen dabei?“, fragt er in strengem Ton eine alte Frau, die links neben uns sitzt. Die Angst steht ihr im Gesicht. Sie sagt mit heiserer Stimme leise „nein“. Er dreht sich zu uns, guckt nur kurz auf unsere Papiere und geht weiter.

Mutti und Vati ist die Erleichterung anzusehen, als er das Bahnabteil verlässt. Unser Zug steht noch eine Weile, dann fährt er endlich weiter.

Auf den Bahnhöfen sehen wir ab jetzt DDR Symbole und Kinder, die blaue Tücher um den Hals tragen.
Du willst bestimmt wissen, was das mit den Tüchern bedeutet. Es sind Pioniertücher.
Ein Zeichen, dass man zu der Jugendorganisation der DDR gehört.
Die meisten Kinder in der DDR sind „Junge Pioniere".
Johanna und ich hätten auch gerne so ein Tuch. Aber Vati hat gesagt: „Seid froh, dass ihr nicht zu denen gehören müsst. Das ist politischer Kram, was die mit den Kindern machen! Alles freiwilliger Zwang!" So richtig verstanden haben wir das nicht. Manchmal spielen Johanna und ich, dass wir auch solche Tücher haben. Aber das darf keiner merken.

Am Bahnhof Ostkreuz steigen wir noch mal um, in Richtung Köpenick zu Oma.
„Jetzt gibt's bald Frühstück", sagt Vati mit völlig entspanntem Gesicht.
Aus dem S-Bahn Fenster sehen wir fünf Panzer, mit roten Fahnen angesteckt, eine Straße lang fahren. Dahinter jede Menge Armeefahrzeuge.
„Die Russen!", sagt Mutti voller Schaudern. „Die schießen auf Menschen, wenn es drauf ankommt!"
„Ich freu mich auf Muts", sage ich, um Mutti von Kriegserinnerungen abzulenken.
Es klappt. Mutti huscht ein glückliches Lächeln über ihr Gesicht. „Ja genau, bald sind wir bei Oma."

Und dann der S-Bahnhof Wuhlheide. Mitten im Wald, wunderschön gelegen.

Wir nehmen unsere Taschen und steigen aus. „Es riecht nach Osten“, sagt Johanna und strahlt über ihr ganzes Gesicht. Wirklich, im Osten riecht es anders als im Westen. Das liegt an den Öfen. In der DDR wird überwiegend mit Braunkohle geheizt, und die hat einen ganz speziellen Geruch.
Neben dem Bahnhof eine Ruine von einem Ausflugslokal, das im Krieg total zerstört wurde. Mutti und Vati haben als junge Leute da noch Kaffee getrunken.
Johanna und ich lassen uns jedes Mal erzählen, wie es ausgesehen hat, als es noch intakt war.

Wir laufen voller Vorfreude auf Oma und Muts den langen Sandweg durch den Wald.
Nach ungefähr zwanzig Minuten fangen Johanna und ich an zu rufen: „Muts, Muts, Muts, wir sind da, Mutskaterchen komm!“
Und dann: Etwas Kleines kommt auf dem Weg vor uns angewetzt, wird größer, schwarz weiß, und ist Kater Muts! Unbeschreibliche Glücksgefühle.
Der Kleine gibt alle möglichen Töne von sich und läuft zwischen unsere Füße, kreuz und quer.

Noch ein paar Meter. Und dann Omas uraltes Haus und der verwilderte Garten mit dem alten Holzschuppen und dem Plumpsklo.
Johanna und ich brüllen schon von weitem: „Oma, Oma, wir sind daaa!“

Muts rennt zum Gartentor und zurück. Immer hin und her. Auch er ist völlig „aus dem Häuschen“.

Und dann erscheint Oma. Blaue Kittelschürze, beide Hände winkend und strahlt über das ganze Gesicht. „Da seid ihr ja, endlich.“ Man merkt dem „endlich“ an, dass sie viel zu lange auf uns warten musste.

Mutti hat Tränen in den Augen. Als Kind hat sie hier gelebt. Oma ist ihre Mutter. Lange Begrüßung, wir schnattern alle durcheinander. Vati zündet sich eine Zigarette an. Das macht er selten. Er steht unter der großen alten schönen Tanne. Wir merken, dass er froh ist endlich da zu sein. Ich habe ein Zuhausegefühl. Johanna hängt total glücklich bei Oma im Arm. Muts schnurrt wie ein Rasenmäher. „Kinder, kommt ins Haus, das Frühstück wartet!“ Wir sind überglücklich beieinander zu sein!

Im Haus riecht es nach frischen Brötchen, Tee und lauter leckren Sachen. Der Tisch ist mit Omas wunderbarem alten Geschirr gedeckt.

Muts streicht um unsere Beine herum und hofft zu Recht auf ein gutes Futterchen.
„Endlich was Gutes zum Essen, wir kriegen bei uns ja nichts Vernünftiges“, sagt Vati schäkernd.
Mutti will schon die Geschenke für Oma auspacken.
„Komm Ulli, frühstücke erst mal nach der Strapaze. Das andere kannst du später machen“, sagt Oma liebevoll. Sie zieht Mutti am Ärmel an den Tisch. Oma nennt Mutti „Ulli“.
„Ist das schön, mal Essen vorgesetzt zu kriegen“, sagt Mutti.
Johanna hat sich schon ein Brötchen genommen und kriegt ganz große Augen, als sie ihre Lieblingswurst entdeckt.
„Oma, du hast ja Karpfen in Gelee gemacht!“, juble ich und merke, wie mir schon das Wasser im Mund zusammenläuft. Auch Muts mag Karpfen sehr. Er ist ein Kater und mag von daher natürlich gerne Fisch verspeisen. Ich nehme mir von dem Karpfen, pule das Gelee ab und gebe Muts den ersten Happen. Das mache ich immer so.
Erst Muts, dann ich. Muts schnurrt und frisst gleichzeitig. Ein „Schnurrischmatz“ ist nichts dagegen.

Oma war ganz früh schon beim kleinen Bäckerladen an der Ecke. Sie weiß, dass wir die „Ostbrötchen“ lieben. Die werden in einer alten Backstube vom Bäcker persönlich hergestellt. Mit seinen eigenen Händen knetet und formt er den Teig zu Brötchen.
Danach wird alles langsam in einem Steinofen gebacken.

Ihr in eurer Zeit stellt ja die meisten Brötchen in Fabriken mit Maschinen her.
Von dort kommen sie in Backshops und in eure Supermärkte. Wie Mutti schon sagte, jede Zeit hat ihre Besonderheiten.

Wir jedenfalls futtern voller Freude Omas leckre Sachen und erzählen und erzählen und erzählen. Muts ist inzwischen satt. Vati hat ihm ein großes Stück Brötchen mit Butter und Leberwurst gegeben. Die Hälfte davon klebte Muts an der Nase. Oma hat gelacht und gesagt: „Na Muts, da hat sich unser Warten gelohnt, was?“

„Bei Oma schmeckt die Leberwurst viel besser“, meint Johanna. Vati sagt fröhlich: „Klar, Ostleberwurst.“
„Oma, kann ich noch vom Geleekarpfen essen?“, möchte ich wissen und peile mein drittes Brötchen an. „Natürlich, das ist alles für euch gemacht.“ Oma ist so großzügig.
Mutti schleckt sich ihre Lippen und sagt: „Solche Eier gibt es bei uns nicht.“
Kein Wunder, in Omas Garten laufen ein paar Hühner frei herum und im Schuppen legen sie ihre Eier.

Oma erzählt vom Fischladen, in dem sie als Verkäuferin arbeitet. Seit Opa im Krieg geblieben ist, verdient sie dort das notwendige Geld.
Weil die Fische frisch bleiben müssen, ist es dort immer kalt.

Kennst du eigentlich Fischläden? Also, einen Laden in dem nur frische Fische verkauft werden.
Oma muss die Fische von den Schuppen befreien und oft auch ausnehmen. Natürlich auch verkaufen. In der Kälte steht sie dann stundenlang und die Füße fangen an weh zu tun. Arme Oma!
Wenn ich bloß schon groß wäre und Geld verdienen würde. Dann bekäme sie von mir so viel, dass sie nicht arbeiten gehen müsste. Aber das dauert noch ewig. Und wer weiß, ob Oma dann noch lebt. Oje, über so was will ich gar nicht nachdenken. Ein Leben ohne Oma, unvorstellbar!
Ich kriech unter den Tisch und suche Muts. An Omas Füßen vorbei liegt er behaglich zusammengerollt am großen Kachelofen.
Oma hat den Ofen schon vor dem Brötchen holen geheizt. Seit Opas Tod muss sie das ganze Haus selbst versorgen. Kannst du dir so etwas vorstellen?

Mutti packt jetzt die Taschen für Oma aus. Zehn Tüten Bohnenkaffee. Ich habe dir ja schon erzählt, dass guter Kaffee im Osten kaum zu kriegen ist. Oma schlägt die Hände über dem Kopf zusammen. „Ulli, du sollst nicht immer so viel mitbringen!"
Aber Mutti ist nicht zu bremsen. Es macht ihr totalen Spaß, für Oma eine Köstlichkeit nach der anderen hervorzuzaubern. Ingwerpflaumen, Kakao, Seifenstücke, fünfzehn Tafeln Westschokolade, Perlonstrümpfe, Zigaretten zum Tauschen.
Oma raucht nicht. Aber Westzigaretten schmecken besser als Ostzigaretten und daher kann Oma zum Beispiel einen Handwerker mit Zigaretten bezahlen.

Sowas ist in meiner Zeit öfter üblich. Auch Bohnenkaffe wird gerne zum Tauschen genommen.

Aus einer Tasche holt Mutti Medikamente raus. Aha, deshalb hat sie an der Grenze die Tasche an ihre Beine genommen.
Bei Medikamentenschmuggel gibt es öfter schweren Ärger. Aber Oma braucht diese Sachen dringend, und im Osten gibt es diese Medikamente nicht. Sie freut sich riesig. Wir kriegen alle einen dicken Kuss.

Ich weiß, dass Mutti bei der Rückfahrt Medikamente, die Oma im Osten besorgt hat, mitnehmen wird. Eine bestimmte Sorte Kopfschmerztabletten die Mutti immer nimmt, gibt es nur im Osten.
Wenn man damit erwischt wird, gibt es noch dollere Strafen.

Die DDR hat wenig genug, da soll man als Westler das Wenige nicht noch wegkaufen. Aber auf diese ganzen Bestimmungen hören in meiner Zeit nicht viele.
Auch nicht, dass Ostler nicht im Westen arbeiten sollen. Das machen nämlich einige.
Sie wohnen im Osten und arbeiten jeden Tag im Westen. Weil man für Westmark eben viel Besseres einkaufen kann.

Unser Frühstück zieht sich gemütlich in die Länge. Muts kommt schon wieder angeschnurrt und möchte noch ein Häppchen. Sein Fell ist vom Ofen ganz warm.

Ich muss aufs Klo und frage Muts, ob er mitkommt. Du weißt ja, das Plumpsklo draußen an der Eingangstür.
„Der wird dir was husten", sagt Vati lachend und behält Recht.
Muts verdaut seinen Nachtisch auf dem alten Sofa an der Wand. Ein Bild von Mutti als kleines Mädchen hängt darüber. Sie hat ein Blumenkörbchen in der Hand und sieht sehr artig aus. Ich liebe dieses Bild.

Vor dem Haus ist es recht kühl. Vielleicht +10 C. Ich habe meine dicke Jacke nicht angezogen, weil es drinnen ja schön warm ist. Die alte Holztüre vom Klohäuschen geht leicht auf.
Ich nehme den Holzdeckel von der Kloöffnung, lege ihn an die Seite und setze mich auf das Holzteil. Eine Weile muss ich in der Kälte sitzen. Ist ja klar, kennt doch jeder.
Neben mir ein Stapel Zeitungen als Toilettenpapier. Das habe ich dir ja schon erklärt. Nun gucke ich so herum, was alles noch zu entdecken ist.

Ein kleiner Zweig mit zarten grünen Blättern rankelt sich oben durch das Holzdach. „Hübsch", denke ich. Doch huch, was ist denn das!? In der Ecke, direkt über mir, hängt eine dicke fette Kreuzspinne in ihrem Spinnennetz.

Am liebsten würde ich schreiend davonrennen. Aber aus verständlichen Gründen geht das nicht.
Ich werde vor Angst noch steifer, als ich durch die Kälte schon bin.

„Nicht zimperlich sein“, sage ich mir. Aber ehrlich, das hilft mir wenig.
Spinnen sind nicht mein Ding! Das Zeitungspapier ist wegen der Kälte und Luftfeuchtigkeit zäher als sonst. Es dauert ewig, bis ich es weich gerubbelt habe.
Die Spinne über mir habe ich auch im Blick. Sie mich vermutlich auch!

Also, in Sachen Toilette seid ihr in eurer Zeit wirklich tausend Mal besser dran!

Irgendwie ist das Ganze dann erledigt und ich erzähle denen drinnen von meinem Klo– und Spinnenerlebnis.

Johanna will sofort die Spinne sehen. Vati sagt, er muss sowieso nachher den Kloeimer leer machen, da spricht er mit der Spinne mal ein ernstes Wort. Dabei hat er sein spitzbübisches Grinsen im Gesicht. Oma meint gelassen: „Ach die Spinne. Ja die wohnt da schon lange.“ Johanna und ich gucken uns an und lachen uns kringelig. Oma hat so ein gemütliches, natürliches Verhältnis zu ihren Tieren. Wir lieben ihre Aussagen sehr.

Später räumen Johanna, Oma und ich den Tisch ab. Auf dem uralten großen Feuerherd steht ein riesiger rostiger Wasserkessel und dampft still vor sich hin. Oma gießt davon in eine große Blechschüssel und macht etwas Pulver als Seife dazu.

Ich wasche ab, Johanna trocknet ab. Oma legt mir immer neues Geschirr in die Schüssel und bringt das Abgetrocknete an seinen Platz. Es macht Spaß, weil es bei Oma ist.
Auch in punkto Abwasch seid ihr in eurer Zeit wirklich besser dran!

Vati macht ein Mittagsschläfchen auf der alten Couch, wo Muts vorhin lag.
Der ist inzwischen nach Draußen verschwunden und friert mit seinem Fellchen garantiert nicht so, wie ich vorhin auf dem Klo.
Mutti packt alle unsere Sachen aus und verteilt sie an alle möglichen Stellen.

Nach dem Abwaschen gehen Johanna und ich raus, um Muts zu suchen und auf Entdeckungsreise in Omas Garten zu gehen.
“Komm, wir gehen zu den Kaninchen“, schlägt Johanna vor. Die Muckchen knabbern wie immer an allen möglichen Blättern herum und nehmen von uns keine Notiz. Wir lassen sie auch in Ruhe. Mit ihnen anfreunden, machen wir lieber nicht. Du weißt ja warum.

Hinten, im verwilderten Garten, scharren und picken die Hühner. Überall gibt es was zu entdecken. Omas Garten ist der reinste Dschungel.
„Komm, wir sind jetzt zwei Entdecker die ein Abenteuer erleben“, sagt Johanna. „Au ja, wir müssen den Löwen finden und bändigen“, sage ich. „Muts ist der Löwe. Wir müssen ihn finden.“

Das Spielen in Omas Garten macht riesig viel Spaß. Irgendwann kommt Kater Muts langsam angestromert und will Köpfchen geben. „Hilfe, der Löwe greift an“, schreit Johanna. Muts rennt vor Schreck los und scheucht zwei Hühner auf, die gemütlich beim Aufpicken von irgendwas für sie Leckerem waren. Sie flattern aufgeregt in die Höhe. Muts kriegt einen dicken Puschelschwanz und sieht ganz wild aus.
Hinten am Haus ruft Oma: „Kinder kommt rein, der Kaffeetisch ist gedeckt.“
Meine Güte ist die Zeit gerast! Wenn es schön ist, vergeht die Zeit viel zu schnell.
Das kennst du in deiner Zeit bestimmt auch.

Auf einmal ist Ostersonntag. Wir haben zwei abenteuerliche Nächte in Omas dicken Federbetten verbracht, viel gemeinsam erzählt, supergutes Essen und immer wieder Angst vor der Klo Spinne, die trotz Vatis Worte ihren Platz verteidigt.
Natürlich auch viel Spielen in Omas Garten und jede Menge Streicheleinheiten für Muts.
Jetzt sitzen wir fünf im wackeligen Linienbus, der uns zu unserem Osterausflug an den alten baufälligen Müggelturm über dem Teufelssee bringen soll.
„Das ist ja wie auf einer Achterbahn“, lacht Vati, als der Bus wieder in ein Schlagloch fährt. Wirklich, immer wieder sausen wir aus unseren Sitzen in die Höhe.
Die Straßen sind vom Krieg und von den Ketten der schweren Panzer in einem katastrophalen Zustand.

Aber wir kennen es gar nicht anders und lachen über jedes Schlagloch. Du musst wissen, dass die Busse nicht so gut gefedert sind, wie in deiner Zeit.

Zum Frühstück hat jeder ein bunt bemaltes Frühstücksei bekommen. Wir haben uns riesig gefreut. So viele Ostersüßigkeiten wie in deiner Zeit gibt es bei uns noch nicht.
In den Läden im Westen werden schon kleine Schokoladeneier, bunt eingepackt, angeboten. Aber die sind ziemlich teuer.
Johanna und ich haben Oma die ausgepusteten bemalten Eier geschenkt und Mutti und Vati ein großes Osterei gezeichnet. „Wie schön die Gören malen können", hat Vati stolz gesagt. „Tja, meine Kinder."
„Unsere!", hat Mutti ergänzt und ihm fröhlich in die Seite gezwickt.
Oma findet unsere mitgebrachten Eier total schön und hat sie an einen Strauch im Garten gehängt.
„Dass der Osterhase Bescheid weiß", hat sie gesagt. Johanna und ich mussten lachen, weil wir nicht mehr an den Osterhasen glauben.
Aber Vati hat mit einem geheimnisvollen Ausdruck in der Stimme gemeint: „Euch wird das Lachen schon noch vergehen."

Der Bus schmeißt uns ein letztes Mal aus unseren Sitzen und dann sind wir am Ziel. Der Busfahrer ruft laut: „Am Müggelturm". Wir stehen schon an der Tür und klettern fröhlich aus dem wackeligen Ungetüm. Es ist ein wunderbares Wetter.

Gleich neben der Haltestelle geht es in den Wald. Johanna sagt: „Jetzt kommt der schöne Weg zum Turm.“ Wir sind hier schon einige Male gewesen und erinnern uns genau. „Komm, wir laufen vor, sage ich zu Johanna. „Aber nicht zu weit“, sagt Vati. „Sonst verpasst ihr den Osterhasen!“ Mutti und Oma lachen schallend über unsere erstaunten Gesichter und dass wir wie angewurzelt stehen bleiben.

„Habt ihr den Osterhasen nicht gesehen?“, fragt Oma.
„Hier??“, frage ich. „Wo sonst“, sagt Vati. Johanna schreit auf. Im Gras vor uns liegt ein buntes Schokoladenosterei. Eine Kostbarkeit!

„Ist das für uns?“, fragt Johanna fast schüchtern. „Da müsst ihr den Osterhasen fragen“, meint Vati lachend. Ich gucke zu Johanna und weiß nicht mehr, was ich glauben soll. „Gibt es im Osten etwa doch einen Osterhasen?“ „Ist schon möglich“, meint Mutti nachdenklich. „Nun aber marsch ab.“

Wir setzen uns in Bewegung. Johanna trägt das kleine Schokoladenosterei, als sei es ein Diamant. Plötzlich vor uns im Gras ein zweites Ei. Es kann unmöglich von Oma, Mutti oder Vati dort hingelegt worden sein. Johanna und ich sind völlig fertig vor Grübeln über einen eventuell doch vorhandenen Ost Osterhasen.
Wir finden noch acht weitere köstliche bunte Schokoladeneier und freuen uns wie die Schneekönige. Die Eier liegen immer weit vor uns.

Mutti, Vati und Oma laufen doch aber die ganze Zeit hinter Johanna und mir!

Irgendwann sind wir am alten Müggelturm. Er ist wegen Baufälligkeit gesperrt und sieht geheimnisvoll aus. Unsere Gespräche drehen sich nur um den Ost Osterhasen.

Wir geben Mutti, Vati und Oma natürlich Ostereier ab. Jeder bekommt zwei. So etwas Köstliches muss man miteinander teilen.
Wenn es ein echter Osterhase ist, egal ob aus Ost oder West, wird er das auch so sehen. Da gibt es keinen Zweifel.

Der 13. August 1961

Wenn der Osterhase damals gewusst hätte, dass wir nur noch drei Mal so glückliche Ferien bei Oma verbringen werden, ob er sich uns dann gezeigt hätte?
Wenn er gewusst hätte, dass wir fünf nie wieder gemeinsam diesen Weg fröhlich und unbeschwert laufen würden, wäre er dann aus seinem Geheimnis gesprungen und hätte gesagt: „Habt Acht, da braut sich etwas Grauenvolles zusammen, tut was, lasst nicht zu, dass euer Glück zerstört wird!?"

Oder wäre er dann zu Walther Ulbricht, dem Staatschef der DDR, gehoppelt und hätte ihm einhunderttausend Westostereier versprochen, dass er nicht tut, was er dann getan hat?

Aber lass mich dir der Reihe nach erzählen.
Ich bin jetzt nicht mehr fröhlich. Nicht, weil ich inzwischen drei Jahre älter bin.
Ich bin nur noch traurig, weil Oma und Muts hinter einer dicken Mauer und Stacheldraht verschwunden sind.

Wir können nicht mehr zu Oma!
Kannst du dir so einen Irrsinn vorstellen?!

Dabei sollte es ein schönes Wochenende werden. Wir waren alle so fröhlich! Mutti und Vati hatten endlich so viel Geld zusammen gespart, dass wir Kinder Fahrräder bekommen haben.

Johanna und ich haben gewusst, dass das Geld nur für zwei gebrauchte Räder reicht, aber immerhin. Ein eigenes Fahrrad. Was für ein Luxus!
Johannas Fahrrad ist rot und an den Speichen etwas verrostet, meines ist schwarz und hat einen total rostigen Lenker. Doch das ist gleichgültig.

Noch waren wir richtig glückliche Kinder. Kinder mit einer Ost Oma und dem lieben Kater Muts. Kinder, die ihre Oma über alles lieben und eine Oma, die sehnsüchtig auf den Sonntag wartet, dass ihre Tochter, ihr Schwiegersohn und die geliebten Enkelkinder kommen.

Eine Oma, inzwischen im Ruhestand, die mit ihrer kleinen Rente schon lecker Frühstück eingekauft und dem Bäcker an der Ecke, beim Bestellen der Brötchen, gesagt hat: „Sonntag kommen sie endlich wieder zu Besuch. Ich kann es kaum erwarten."

Dass dieser Sonntag weltberühmt werden sollte, konnte keiner ahnen. Nicht wir im Westen, nicht Oma im Osten. Ein trauriger Ruhm. Doch lass mich erzählen.

Es war Freitag, als Johanna und ich unsere eigenen Fahrräder bekamen. Vor Freude sind wir rumgehüpft wie die Springmäuse!
Vati hat uns bei dem wilden Gelände das Fahren beigebracht. Das war gar nicht so leicht. Ich bin immer ins Schlängeln geraten und Johanna ist samt Fahrrad in den Graben gefallen.

Aber irgendwann hat das Fahren richtig gut geklappt. Vati sagte: „Jetzt könnt ihr auch bald allein fahren. Das haben wir gut hingekriegt."
Es war der 11. August, ein warmer Tag.

Wir haben uns auf Sonntag gefreut, Oma von diesem Ereignis zu erzählen.
„Wir können jetzt Fahrrad fahren!" Oma würde uns loben und stolz auf ihre Enkelkinder sein.

Auch am Samstag waren wir mit den Rädern draußen.
Abends im Bett habe ich beim Beten zum Lieben Gott gesagt: „Am liebsten würde ich auch morgen Rad fahren." Das hatte nichts mit Oma zu tun, ganz bestimmt nicht. Ich konnte auch nicht wissen, dass mir der Wunsch so grausig erfüllt wird. Ach hätte ich mir das doch nie gewünscht!!

Mutti hat uns am Morgen geweckt. Die Taschen für unsere Fahrt zu Oma, wie immer schwer bepackt, fertig zum Aufbruch auf dem Flur. Unsere Anziehsachen ordentlich hingelegt, damit früh morgens alles perfekt klappt.

Muttis Stimme klingt beim Wecken ganz fremd. Tonlos irgendwie. Sie beugt sich über mich und sagt leise: „Bleib liegen Kind, in der Nacht hat man angefangen durch unsere Stadt eine Mauer zu bauen. Die Grenzen sind zu! Wir können nicht mehr zu Oma. Nie mehr." Aus ihren Augen rollen Tränen auf mein Gesicht.

Mir würgt es im Hals. Das Gebet. Ich bin schuld! Ich sage kein Ton, bin wie gelähmt.

Johanna wacht auf. „Was ist los? Eine Mauer? Und Muts, sehen wir den auch nicht mehr?“ Sie sieht völlig verstört aus. „Vati, wo ist Vati?“ ruft sie.
Wir springen aus unseren Betten und suchen ihn.

Er sitzt mit ausdruckslosem Gesicht in der Küche und starrt ins Leere, als sei er lebendig gestorben.
Es ist der 13. August 1961. Ein rabenschwarzer Tag.

Du in deiner Zeit findest das sicher auch ganz furchtbar.
Weißt du, es gibt sie wirklich, die ungeheuer traurigen Dinge.
Das hätte ich vorher nie gedacht. Ich habe immer gehofft, dass alles auch wieder gut wird.

Unsere vielen Besuche bei Oma und Muts, und das Kommen von Oma zu meinem Geburtstag, alles vorbei. Meine fröhlichen Eltern. Vorbei!

In der Nacht vom 12. auf den 13. August 1961 haben Soldaten und Maurer von der DDR angefangen Stacheldrahtrollen zu legen und eine Mauer, eine richtige hohe Mauer, quer durch Berlin zu bauen.

Immer da, wo Ostberlin an Westberlin grenzt, wird sie hochgezogen. Als deutlich sichtbare Grenze zwischen Ostberlin und Westberlin.

Stell dir irgendeine Wohngegend vor, die du kennst. Du willst wie immer eine ganz bestimmte Straße lang laufen. Zu einem Freund, mit dem du spielen möchtest.

Du läufst um eine Ecke und traust deinen Augen nicht. In der Mitte der Straße ist über Nacht eine Mauer gebaut worden. Grenzsoldaten mit Gewehren stehen auf Türmen hinter der Mauer und werden auf jeden schießen, der über dieses Ding klettern will.

Du denkst, dann nehme ich einen anderen Weg. Hier wird bestimmt irgendein blöder Film gedreht. Also, auf zur anderen Seite. Kleiner Umweg. Egal, du willst ja zu dem netten Freund.
Du biegst nach einigem Laufen wieder in die Richtung ein. Eben von einer anderen Seite aus. Wieder eine Mauer. Diesmal um eine Ecke rum gebaut.
Dahinter die Siedlungshäuser, in denen dein Freund wohnt. Was heißt wohnt?
Der kann ja gar nicht mehr da wohnen, denn die Fenster, wo er manchmal nach dir rausgeschaut hat, sind zugemauert.
Du denkst, du spinnst. Immer noch der blöde Film. Du fragst einen der Soldaten, die da rum stehen. „Was ist hier los? Ich will zu meinem Freund da drüben."
Der Soldat sagt mit ernster Miene zu dir: „Du kannst wieder nach Hause gehen, da drüben kannst du nicht mehr hin. Das da drüben gehört nämlich zum Osten und du bist hier im Westen."

„Aber neulich noch war es doch ganz egal, ob man im Osten oder Westen wohnt", sagst du. „Wir haben immer zusammen gespielt. Mal auf der einen Seite der Straße, mal auf der anderen. Und jetzt ist genau in der Mitte der Straße eine hohe Mauer!"
„Pech gehabt, Görchen", sagt der Soldat. „Da wirst du dir wohl einen neuen Freund suchen müssen."

So ähnlich musst du dir das bei uns hier vorstellen. Keiner darf mehr den Osten verlassen und vom Westen kann keiner mehr einfach so in den Osten kommen.
168 KM Stacheldraht und Mauern rund um Westberlin.
Walther Ulbricht, der Staatsratsvorsitzende der DDR, hat es so befohlen.

„Warum?", fragst du zu Recht.
Immer mehr Menschen sind aus dem Osten in den Westen gezogen. Viele Ostler haben im Westen gearbeitet. Das habe ich dir ja schon an anderer Stelle erzählt.
Und viele aus dem Westen haben Sachen aus dem Osten gekauft, was sie auch nicht sollten. Da ist der Chef der DDR sozusagen stinksauer geworden. Darum.

Er hat sich gesagt: „Jetzt ist Schluss, ich lasse eine fette Mauer um die DDR bauen, dann kommt keiner mehr rein und keiner mehr raus." Und er hat Soldaten postiert und befohlen, dass sie jeden, der aus dem Osten abhauen will, daran hindern müssen.

Notfalls mit Waffengewalt. Deutlicher ausgedrückt: Er hat seinen Soldaten befohlen, Flüchtlinge gegebenenfalls tot zu schießen.

Falls du dich fragst, wie es von West nach Ost, also umgekehrt, funktioniert. Vom Westen wollte keiner über die Mauer krabbeln, um in den Osten zu gelangen. So verrückt ist keiner.

Wenn in deiner Zeit so etwas Irres geschehen würde, würden die Telefone von der einen Seite der Mauer zur anderen heiß laufen. Logisch!
Die bei uns ein Telefon besitzen haben natürlich versucht ihre Verwandten im Osten oder umgekehrt zu erreichen.

Auch das wollte der Staatschef der DDR vermeiden. Darum hat er vorsorglich die meisten Telefonkabel vom Osten in den Westen durchschneiden lassen. Telefonieren ist also auch nicht mehr möglich!
Aber die meisten haben ja sowieso kein Telefon. Das habe ich dir ja schon erzählt.

Meine Güte, wie mag es Oma nur gehen!?
Sie sitzt mit dem ganzen Frühstück allein in ihrem großen alten Haus und wartet und wartet, umsonst!
Oder hat sie im Radio von den Ungeheuerlichkeiten gehört und läuft aufgeregt auf und ab und kann keinen klaren Gedanken fassen?

Vielleicht liegt sie auf dem alten Sofa unter Muttis Bild und weint sich die Seele aus dem Leib?

Und Muts? Der muss doch auch spüren, dass etwas Schreckliches geschehen ist. Weißt du, es ist ganz furchtbar, nicht zu wissen wie es dem andern geht.

An diesem grauenvollen 13. August sind tausende von Familien gewaltsam getrennt. Aber das tröstet mich wenig. Ich will zu Oma. Ich möchte, dass Mutti wieder lacht, ich will nicht, dass Vati wie tot ins Leere starrt!

Die Mutter von Vati, also unsere andere Oma, lebt auch im Osten. Alle Schwestern und Brüder von Vati und unsere Cousinen und Cousins leben da.
Wir sind im Westen, und jetzt ganz allein!

So lange ich lebe war es das Schönste, Ausflüge in den Osten zu machen. Jedes Wochenende, alle Feiertage, jede Ferien. Meistens zu Oma und Muts. Aber auch zu Oma Manda. So nennen wir Vatis Mutter. „Manda" ist eine Abkürzung ihres Vornamens „Amanda".
Zu Oma Manda sind dann meistens auch Vatis Geschwister, also unsere Tanten und Onkels, hingekommen. Und unsere neun Cousinen und Cousins.
Oma Manda lebt auch in einem großen alten Haus. Aber bei so vielen Enkelkindern muss sie Ihre Zuneigung aufteilen. Da ist für Johanna und mich, die wir so weit weg im Westen leben, nicht mehr viel übrig.
Und unsere ganze Liebe fließt auch zu Oma und Muts nach Köpenick.

Du in deiner Zeit kennst das sicher auch, manche Verwandten mag man, andere liebt man und wieder andere findet man doof. Ich glaube, da hat sich in den vielen Jahren nichts verändert.

Den Weg zu Oma Manda finden Johanna und ich immer spannend. Oje, ich muss ja sagen: „Wir fanden ihn spannend." Auch da kommen wir nicht mehr hin! Also, wir fanden ihn spannend, weil wir beim Laufen vom S- Bahnhof Biesdorf zu Oma Manda an einem Bunker und einer Baracke aus dem Krieg vorbei kamen.

Die Baracke ist ein total einfach gebautes ebenerdiges längeres Holzhaus.
Ziemlich vergammelt steht es da und wirkt irgendwie gruselig. Überall ist die alte dunkelbraune Farbe abgepladdert.

Mutti hat erzählt, dass sowas im Krieg schnell zusammengebaut wurde. Baracken wurden als Unterkunft für Soldaten oder Kinder, deren Eltern im Krieg gestorben sind, gebraucht. Aber auch für Flüchtlinge oder Gefangene.
Wenn Krankenhäuser zerbombt waren, wurden Baracken auch als Ersatz dafür genommen.
Jetzt ist die Baracke ein Heim für alte Menschen, die Pflege brauchen. Johanna und ich finden das alles ganz furchtbar!

„Seid froh, wenn ihr in sowas niemals leben müsst!", hat Vati mit sehr ernstem Gesichtsausdruck gesagt.

Ein Bunker ist ein Gebäude ohne Fenster, mit total dicken Betonwänden. Er soll Schutz vor allen möglichen Katastrophen bieten.
Vati hat uns erzählt, dass die Russen nach Ende des Krieges den Bunker gesprengt haben. Da liegt er nun in sich selbst zusammengefallen und wirkt auf uns Kinder spannend.

Wir haben ja nicht rennen müssen, wenn die Sirenen wegen Bombenalarm heulten.
Die im Krieg sind zum Bunker um ihr Leben gelaufen. Er hat Schutz vor den Bomben geboten. Wenn der Alarm vorbei war, sah ihr Wohnort unter Umständen anders aus als vorher. Häuser brannten lichterloh, andere waren von Bomben getroffen zusammengestürzt.

Bei Oma Manda haben die Erwachsenen viel vom Krieg geredet. Johanna und ich sind oft einfach unter den großen Tisch im Wohnzimmer gekrochen und haben, zwischen all den Beinen unserer Verwandten, zugehört. Da lernt man das Leben verstehen, das sage ich dir!

Mutti ist ein Einzelkind. Darum kennt sie sich mit so vielen Geschwistern nicht aus.
Eine Schwester von Vati jagt Mutti immer einen Schrecken ein. Unsere Tante Edith. Sie küsst gerne und viel.
Wenn wir dann so aus dem Westen angewackelt kamen, stürzte sie sich laut rufend auf uns. „Gerhard, was hast du für hübsche Kinder!“

Mutti hat sich dann „draußen“ gefühlt, das sah man ihr an. Schließlich sind wir auch ihre Kinder und so hübsch sind wir auch nicht. Eher ganz normal.

Johanna und ich finden Tante Edith aber spannend. Also, ihre feuchten Küsse eher nicht, aber das, was sie immer so erzählt. Ihr Mann, unser Onkel, ist auch schon eine Weile tot. Er war älter als sie.

Die Männer, die den Krieg als Soldaten oder Polizisten mitgemacht haben, sterben auch meistens viel früher, weil sie sich von den schweren Dingen die sie erlebt haben und all das was sie zu tun gezwungen wurden kaum jemals erholen können.

Oje, wenn ich an Vati denke, wie er in der Küche sitzt und ins Leere schaut. Es ist sein volles Leben, was da hinter der Mauer versunken ist! Er hat mindestens schon zehn Zigaretten geraucht. So was macht er sonst nie. Und schon gar nicht in der Wohnung.

Unsere Cousinen und Cousins gehen in die ganz normale Einheitsschule der DDR.
Sie geht von der ersten bis zur zehnten Klasse. Die Kinder bleiben die ganze Zeit im gleichen Klassenverband. Gar nicht schlecht, was?
Wer nicht so gut ist, geht nach der achten Klasse ab. Das hat mir unsere große Cousine erzählt.
Nach der achten oder zehnten Klasse muss man dann eine Lehre machen oder man wechselt auf eine erweiterte Oberschule und macht Abitur.

Cousine Trudel hat mir vor einiger Zeit ihr Zeugnis gezeigt. Es steht „Oberschule“ drauf obwohl sie erst in der vierten Klasse war. Komisch!

In Westberlin gehen wir sechs Jahre in die Grundschule und dann auf Oberschulen.
In der BRD ist das sonst anders. Die Grundschule geht von der 1. bis zur 4. Klasse.
Danach Oberschule. Je nach Eignung: Hauptschule, Realschule oder Gymnasium.
Eine Lehre machen oder nicht bleibt jedem selbst überlassen.
Im Westen darf jeder, der sich Mühe gibt, eine Ausbildung zu einem Beruf machen für den er sich eignet und auf den er Lust hat. Im Osten ist das anders.
Wenn du eine Meinung hast, die dem Staat nicht passt, darfst du unter Umständen keine höhere Schulbildung absolvieren und nicht in deinem Lieblingsberuf arbeiten.

Trudel und Karola, zwei unserer Cousinen, haben uns erzählt, dass sie in der ersten Klasse ein Arbeitsblatt bekommen haben, wo eine richtig gemeine Fratze zum Ausmalen drauf war. Darüber stand: „Das Kapitalistenmännchen“. Diese Zeichnung sollte den Kindern Angst vor dem kapitalistischen Westen einjagen.
„Kapital“ ist zum Beispiel Geld oder was man Wertvolles besitzt. Im Westen darf jeder, der sich dazu eignet, eine Firma aufmachen und so viel Geld verdienen wie ihm möglich ist.

Man kann unter Umständen richtig reich werden. Es gibt so viele Läden und Fabriken wie finanziert und eingerichtet werden können. Um Erfolg zu haben, muss man natürlich hart arbeiten!
So eine Regierungsform heißt „Kapitalismus".

Im Kapitalismus gibt es natürlich Ungerechtigkeiten. Denk mal an meinen Schulfreund Gabriel; der hat nicht die gleichen Chancen, wie Kinder von anderen Eltern.
Im Kapitalismus wählt man demokratisch die Leute die das Land regieren. Das heißt, dass man aus vielen Möglichkeiten wählen darf was man mag.

Wer die meisten Stimmen bekommt, wird das Land für ein paar Jahre regieren. Man darf auch seine eigene Meinung frei sagen, solange diese niemanden ernstlich verletzt.
Du in deiner Zeit kennst doch bestimmt die Wahl zu eurem Klassensprecher. So ähnlich wählen Erwachsene ihre Regierung.

In der DDR ist die Regierungsform der „Sozialismus". Die wählen zwar auch diejenigen, die sie regieren werden, aber es gewinnen nur Sozialisten. Sozialisten wollen Gleichheit für alle.
Sie sind gegen die Reichen, die immer reicher werden. Das klingt ja erstmal gut.
Aber wenn die Leute dann merken, dass es in ihrem Sozialismus auch viele Ungerechtigkeiten gibt, werden sie natürlich schlampiger in ihren Tätigkeiten. Kann ich total verstehen.

Wenn ich mir beim Arbeiten Mühe gebe und trotzdem wenig erreiche, würde ich auch sauer werden und die Lust am ordentlichen Tun verlieren. Oder würdest du trotzdem fleißig weiter machen?

Die Möglichkeit, die DDR demokratisch werden zu lassen, besteht nicht. Also ist es keine wirklich freie Wahl.
Verstehst du, warum es in sozialistischen Ländern nie so viele und so gute Läden gibt? Es fehlt das Wetteifern, der Wettbewerb untereinander.

Unsere Cousinen und Cousins haben natürlich gegrübelt, warum es in ihrer DDR nicht so gute Kleidung oder Essen gibt, wie wir im Westen es haben. Obwohl sie es nicht sollen, gucken sie Westfernsehen, wie viele andere auch, und kriegen mit, was es alles zu kaufen gibt.
So geht es natürlich auch anderen. Sie stellen Fragen und zweifeln ihren Sozialismus an.

Das missfällt der Regierung der DDR gewaltig. Kann man doch verstehen.
Also trennen sie ihre Bevölkerung von denen, die die Ursache solcher störenden und unangenehmen Fragen sind und bauen eine Mauer.

Wenn die Mauer lange genug steht und sie keiner einreißt, werden die Menschen der DDR letztendlich ihrer Regierung das Meiste glauben und uns im Kapitalismus wirklich als die Fratze sehen, die Trudel und Karola ausmalen mussten.

Wenn man keine Chance hat, sich eine eigene Meinung zu bilden, bleibt einem auch gar nichts anderes übrig.

Die Kinder in der DDR werden politisch unterrichtet und glauben natürlich meist, was ihnen dort über den „bösen Westen“ erzählt wird.
Radiosendungen und Fernsehen vom Westen sollen sie nicht einschalten.

Mutti sagt, ein Unterrichtsfach, das zum kritischen, freien und selbstständigen Denken anregt, gibt es in der DDR wohlweislich nicht.

Vati hat uns erzählt, dass Religion in den Schulen der DDR kein Unterrichtsfach mehr sein darf, weil ein Vordenker des Sozialismus, Karl Marx, sagte: „Religion ist Opium für das Volk“.
Die spinnen doch total. Opium, das ist ein Berauschungsmittel!

Und als Ersatz für die kirchlichen Feiern, Konfirmation und Kommunion, hat sich die politische Partei der DDR im Jahr 1954 etwas anderes einfallen lassen: Die Jugendweihe.
Genau wie bei der Kommunion und der Konfirmation werden die Jugendlichen darauf vorbereitet. Aber nicht auf demokratische Freiheit, sondern auf das totale „Ja“ sagen zu ihrer DDR.
Mit sechs Jahren werden die meisten Kinder schon „Junge Pioniere“ und werden konsequent auf DDR Linie gebracht, sagt Vati.

Ab der achten Klasse dann die Jugendweihe. Sie müssen bei einer Feier geloben, sich für den Sozialismus einzusetzen und die Freundschaft mit der Sowjetunion zu vertiefen. Wenn sie auch noch bereit sind, ihr Land gegen jeden Angriff von außen zu schützen, kriegen sie eine Urkunde und gehören zu den Erwachsenen, die die DDR richtig gut finden. „Das ist doch Opium fürs Volk!“, hat Vati richtig böse geschimpft.

In der Schule haben wir gelernt, dass Religion dazu da ist, dass man üben kann eine eigene freie Meinung zu bekommen. Man lernt sich eigene Gedanken zu machen. Zum Beispiel über das, was allgemein als Wahrheit gilt. Die Lehrerin sagte: „Religion will helfen über gesetzte Grenzen nachzudenken und fair und freiheitlich mit allem Leben umzugehen.“ Klingt doch eigentlich gut, oder? Jesus hat das so gemacht. Und dafür wurde er von der Obrigkeit seiner Zeit umgebracht!!
Merkst du was? Auch vor mehr als 2000 Jahren hat man Menschen nicht frei denken lassen wollen.

Jesus ist von den Toten auferstanden, erzählte unsere neue Religionslehrerin. Das heißt, das ursprüngliche und freie Leben, die freie Meinung setzt sich durch, auch wenn es manchmal schrecklich lange dauert.

Wie lange werden die Menschen in der DDR wohl brauchen, um sich von ihren Regierenden zu befreien? Kannst du mir das sagen?

Wie alt werde ich sein, wenn Oma wieder zu meinem Geburtstag kommen kann?
Oder wird sie hinter der Mauer sterben, ohne dass wir uns jemals wieder sehen?
Was ist mit Muts, wird er jemals wieder um unsere Beine streichen?
Werde ich meine Cousinen, Cousins, Onkels und Tanten irgendwann noch mal so fröhlich und vergnügt erleben?

Die Fragen machen mich ganz verrückt. Und Johanna liegt im Schlafzimmer auf ihrem Bett und heult wie ein Schlosshund.

Ich denke an Omas letzten Besuch bei uns in Spandau zu meinem Geburtstag.

Wir waren alle wieder ganz hibbelig vor Freude und haben unsere Wohnung schön auf Hochglanz gebracht.
Johanna und ich waren uns sicher endlich den versprochenen Ball zu bekommen.
Mutti hat schon Tage vorher leckeres Essen eingekauft, Kuchen gebacken und alles vorbereitet.
Schließlich ist, ach nein, war es ein Ereignis, wenn Oma den weiten Weg zu uns nach Spandau gemacht hat.

Ab 12 Uhr standen Vati, Mutti, Johanna und ich am S-Bahnhof Gartenfeld und haben auf sie gewartet.
Es war uns immer eine Ehrensache, dass wir alle gemeinsam Oma vom Bahnhof abholen.

Johanna und ich sind am Bahnhofseingang auf ein fest angebautes Holztischchen geklettert von dem aus man den ganzen Bahnsteig übersehen kann.

Immer wenn eine S- Bahn kam und die Menschen ausgestiegen sind, haben wir uns unsere Hälse nach Oma verrenkt.

Wir mussten über zwei Stunden warten bis Oma endlich angewackelt kam.
Omas Gang ist unter Tausenden gleich zu erkennen.

„Oma kommt, Oma kommt!“ hat Johanna gerufen, die sie als Erste entdeckt hat.
Mutti hat gestrahlt wie die liebe Sonne und Vati ist auch richtig froh gewesen.

Ich bin Oma entgegen gerannt. Sie hat ihre Taschen hingestellt und die Arme ausgebreitet. Und ich bin mitten rein.

Oma hatte gleich zwei Bälle dabei. Einen roten mit weißen Punkten für Johanna und einen blauen mit genau solchen Punkten für mich.
Wir haben uns gefreut wie doll und verrückt!
Zwei eigene Bälle. Es war ein Fest.

Weißt du was, du in deiner Zeit, ich lege mich jetzt zu Johanna und heule auch eine Runde!
Ich halte den Gedanken nicht aus, dass das alles nie mehr so sein wird!

Eine Mauer durch Berlin

Alle haben Angst vor einem neuen Krieg. Überall Nachrichten und Berichte zum Bau der Berliner Mauer. Man überlegt, ob die drei Alliierten sich das gefallen lassen oder mit ihren Panzern die Mauer einreißen werden.

Viele haben Angst, dass dann die Sowjets auch mit Panzern kommen. „Dann ist es nur ein kleiner Schritt und wir haben den dritten Weltkrieg."
So reden die Leute.

Unser Bundeskanzler, Dr. Konrad Adenauer, mahnt zur Ruhe und Besonnenheit.
Mutti und Vati hören alle Nachrichten, die sie nur erwischen können. Beide sind blass geworden und lachen nicht mehr. Johanna und ich heulen viel. Unser Leben läuft aus dem Ruder. Nichts ist mehr wie es war.

Viele Menschen hoffen auf den USA Präsidenten John F. Kennedy. Dass dieser in irgendeiner Weise eingreift und uns Westberlinern hilft.

Du musst dir vorstellen, dass Westberlin jetzt völlig eingemauert ist. Um das ganze Westberlin ist inzwischen eine Mauer und Stacheldraht gebaut.
Zwischen Ost- und Westberlin, in der Mitte der Stadt, geht die Mauer zwischen Straßen und Häusern lang. Manchmal mitten auf der Straße. Es ist unvorstellbar!

Der Teil von Deutschland, in dem Berlin sich befindet, ist von den Russen besetzt. Weil alles was zu Russland gehört offiziell Sowjetunion heißt, nennt man das ganze Gebiet um Berlin herum „Sowjettisch besetzte Zone“ = SBZ. Berlin liegt mitten in der SBZ!

„Hoffentlich kassieren die uns nicht“, sagt Mutti mit Angst in der Stimme. Sie sagt, was viele Leute denken. Dass die Alliierten uns fallen lassen und Westberlin den Sowjets überlassen. Dann würden wir auf einmal zur DDR gehören.

„Könnten wir dann wieder zu Oma und Muts?“, fragt Johanna mit Hoffnung in der Stimme. Vati fährt sie an: „Red keinen Blödsinn, wenn die uns kassieren gibt's Krieg. Aber das lassen die Amis nicht zu!“
Mit „Amis“ sind die Amerikaner gemeint. Johanna zuckt mit den Schultern und bohrt in der Nase. Das hat sie sonst nie gemacht.

Ach, stell dir vor, Mutti und Vati haben jetzt von ihren wenigen Ersparnissen einen schwarz/weiß Bild Fernseher gekauft.
Eigentlich können wir uns so was gar nicht leisten. Aber im Fernsehen können wir doch sehen, was da alles Schreckliches geschieht. Wir brauchen einfach einen Überblick, sonst drehen wir noch durch!

Die Kameras unseres Westberliner Fernsehsenders „Sender Freies Berlin“ filmen die Mauer so gut sie können und wir vier sitzen nun im Wohnzimmer und gucken uns das an.

Vati hat das Fernsehgerät auf ein Tischchen neben dem Ofen gestellt. Das Gerät sieht aus wie ein großer schwarzer Würfel und ist ganz doll schwer. In deiner Zeit habt ihr ja Flachbildgeräte. Sowas ist in meiner Zeit noch lange nicht erfunden.

Wir sehen im Fernsehen einem Ost Vopo, der mit umgehängtem Maschinengewehr die Maurer beim Mauerbau bewachen soll.
Plötzlich wirft der sein Gewehr weg, springt über Stacheldrahtrollen und rennt durch eine letzte Öffnung der Grenze in den Westen. Alle sind so baff über das Geschehen, dass keiner auf ihn schießt. Gott sei Dank! Stell dir mal vor, das hätten wir hier in unserem Wohnzimmer gesehen!

Du bist ja Fernsehen gewöhnt, aber wir empfinden es, als geschähe das alles ganz nah bei uns.
„Meine Güte, hat der Glück gehabt!“, ruft Vati aus.
„Der ist in letzter Sekunde abgehauen“, sagt Johanna und wischt sich die Tränen aus ihren Augen.
Die Fernsehreporter vom Sender Freies Berlin sind auch total bewegt, über das was geschieht. Einer von denen sagt: „Andere haben weniger Glück und werden bei Fluchtversuchen tot geschossen.“

Die Wohnhäuser, die direkt an der Grenze von Ostberlin stehen, kriegen die Fenster zugemauert. Menschen seilen sich in letzter Sekunde aus den Fenstern ab, um noch schnell in den Westen zu gelangen.

Manchen gelingt es, andere werden gefangen genommen und bekommen schreckliche Gefängnisstrafen.

Kinder von Eltern, die man bei einem Fluchtversuch erwischt, werden ihre Eltern nie wieder sehen. Sie kommen zwangsweise in fremde Familien und kriegen einen neuen Namen! Dort sollen sie umerzogen werden und ihr Land, die DDR, lieben lernen. Wenn sie noch ganz klein sind, wird das sogar manchmal gelingen.
Stell dir vor, sie vergessen ihre Eltern und denken die neuen seien die wirklichen Eltern! Unfassbar!

Irgendwann sind alle Fenster an der langen Grenze zugemauert und die Menschen gezwungen worden ihre Wohnungen zu verlassen.
Die DDR will die Möglichkeit, einen Blick aus einem Fenster nach Westberlin zu werfen, verhindern.
Es gelingt vollständig.

Auf der Westseite werden Holztürme gebaut. Da kann jetzt jeder über die Mauer nach Ostberlin gucken. Wir Westberliner drängeln uns auf den Türmen und halten verzweifelt Ausschau, ob wir nicht wenigstens einen Blick auf einen unserer Lieben im Osten werfen können. Viele Menschen weinen bitterlich. Furchtbar, sage ich dir!

Auf der Seite der DDR stehen am Anfang noch hier und da Menschen und Menschengruppen und rufen zu uns in den Westen Botschaften rüber.

Wir sollen zum Beispiel Verwandten sagen, dass sie schreiben werden oder einer ruft: „Reißt die Mauer ein, holt uns hier raus!“ Aber sowas wird sehr schnell von Grenzpolizisten verhindert.

Die Menschen werden vor den Augen der Westler, wegen einer Meinungsäußerung die die DDR nicht hören will, abgeführt und bleiben verschwunden.

Auf der Ostberliner Seite werden hohe Türme aus Metall und Beton gebaut. Grenzsoldaten mit Maschinengewehren und großen Ferngläsern halten Ausschau, dass ja keiner unerlaubt die DDR verlässt. Ein gespenstisches Szenario entsteht binnen weniger Tage. Täglich wird die Mauer perfekter.
Auf Seiten der DDR entstehen im Mauerbereich so genannte Todesstreifen. Das sind breite Sandflächen mit vergrabenen Mienen.
Falls doch jemandem bis dahin die Flucht gelingen sollte kann er beim Rauftreten auf so eine „Tellermine“ in die Luft gesprengt werden. Wenn er Glück hat, wird ihm nur ein Bein abgerissen. Ist dir auch schon ganz übel?

Der bösen Phantasie, wie man den Menschen der DDR das Verlassen ihres Landes vereiteln kann, sind keine Grenzen gesetzt.
Wachhunde an langen Ketten werden gezwungen stundenlang bellende Dienste an der Grenze zu erleiden. Johanna und mir tun die Hunde furchtbar leid.

Viele Menschen überlegen trotz alledem wie sie in den Westen gelangen können. Sie wollen die Hoffnung nicht aufgeben.
Manche bauen Tunnel von Ostberlin nach Westberlin. Immer wieder werden sie entdeckt und als politische Gefangene in den Gefängnissen schlimmer behandelt, als Menschen die wegen anderer Straftaten in den Gefängnissen sitzen. Wenigen nur gelingt eine Flucht.

Fahrzeuge der Alliierten fahren zwar vom Westen aus an die Grenze. Aber keiner reißt die Mauer ein. Es ist ratloses Geschehen lassen, Abwarten, Bangen, Hoffen.
Die Alliierten werden an der Grenze nicht kontrolliert und haben ungehindert freie Fahrt durch die SBZ.

Du kennst doch bestimmt das Brandenburger Tor in Berlin. Zumindest von einem Bild her. Kannst du dir das eingemauert vorstellen?
Ich versuch mal eine Zeichnung für dich zu machen.

Wir, von unserer Westseite aus, können ziemlich nah heran und uns das traurige Bild mit Schaudern ansehen.

Die Menschen im Osten können inzwischen nicht mal mehr in die Nähe der Grenze, mit ihrer unmenschlichen Mauer, gelangen.
Man hat im Osten die Gegend vor der Grenze weitläufig zum Sperrgebiet erklärt.
Kein normaler Mensch darf dieses mehr betreten.
Wohnen dürfen dort nur noch Menschen, denen die DDR richtig gut gefällt und die ihr Land niemals verlassen wollten. Sie bekommen Spezialausweise, damit die Wachen, die vor diesem Gebiet stehen, sie auch durchlassen dürfen.

All diese Dinge erfahren wir nun täglich durch unseren neuen Fernsehapparat, vor dem wir abends, nach unserm gemeinsamen Essen, sitzen.
Von Oma und Muts weit und breit nichts zu hören.
Die traurigen Gefühle hören nicht mehr auf. In der Schule werden Johanna und ich schlechter. Wir können uns nicht mehr gut auf das Lernen konzentrieren. Kannst du das verstehen?

Auf unseren Straßen in Westberlin sind mehr Panzer und Armeefahrzeuge der drei Alliierten zu sehen, als vor dem Mauerbau.
Vati sagt: „Die machen Manöver, um sich für den Fall der Fälle fit zu halten." „Meint er damit Krieg?", fragt mich Johanna leise. „Ich hoffe nicht", ist meine Antwort.

Aber ich sage dir ehrlich, ich weiß langsam auch nicht mehr, was ich denken soll. Wenn eine Armee Manöver macht, dann übt sie doch für den Ernstfall.

Vor der Mauer, von der Westseite her, sind jetzt unsere Schutzmächte und bewachen die Grenze ihrerseits.
Sie haben teilweise auch Türme und gucken mit Ferngläsern in die Ferngläser der Ostgrenzsoldaten.
Das musst du dir mal bildlich vorstellen!
Ich versuch mal eine kleine Skizze dazu zu machen.

Wenn das nicht so furchtbar ernst wäre, würde ich sagen, die spinnen doch alle!
Haben die nichts Besseres zu tun, als sich gegenseitig zu beobachten!?

Aber zurzeit sind alle wirklich schwer durcheinander.

In Vatis Zeitung steht nur noch von der Mauer zu lesen. Auch im Fernsehen geht es überwiegend darum.
Unser regierender Bürgermeister, Willy Brandt, protestiert energisch gegen das Geschehen.
Er findet es ganz schrecklich, dass tausende von Familien durch den Mauerbau getrennt sind.
Sowas erfahren wir aus den Nachrichten im „Ersten Programm".
Es gibt jetzt drei Fernsehsender. Das Erste Programm, das Zweite Programm und das Fernsehen der DDR.

Das Zweite Programm hat heute einen Kriminalfilm gesendet. Meine Güte, war das gut. Kino zu Hause. Wir vier saßen vor unserem neuen Fernseher und waren das erste Mal seit Tagen entspannt.

Nach dem Film hat Vati auf das Fernsehen der DDR geschaltet.
Er musste mit der Zimmerantenne im Wohnzimmer umherlaufen, um eine Stelle zu finden, von wo aus der Empfang möglich war.
Ihr in eurer Zeit habt ja Kabelfernsehen. Da müsst ihr nicht mit einer Antenne durch die Wohnung hüpfen, um ein vernünftiges Bild zu haben.

Im Fernsehen der DDR wird die Mauer als „Imperialistischer Schutzwall" bezeichnet und „als notwendige Maßnahme zum Wohle der Bürger der DDR" dargestellt. Gut, dass Oma keinen Fernseher hat.

Wenn sie sowas sehen würde, bekäme sie vor Ärger sicher Magenschmerzen. Oje, ich darf gar nicht an Oma denken.

Heute Nacht hatte ich einen ganz gemeinen Traum. Es war Weihnachten und ich hatte einen Brief an Walter Ulbricht geschrieben.
Ich habe ihn gebettelt, er möge doch für uns Passierscheine schicken, mit denen wir über die Grenze zu Oma reisen dürfen. Wenigstens für Mutti und Vati, damit sie nicht mehr so traurig sind.

Im Traum hatte ich plötzlich Passierscheine für Mutti und Vati in der Hand.
Ich lief freudestrahlend zu ihnen und schrie: „Passierscheine! Passierscheine für euch zu Weihnachten!“
Mutti hatte Tränen in den Augen vor Freude und streckte ihre Hand aus, um sie zu nehmen. War das ein wundervoller Moment!

Aber genau als sie zugreifen wollte, wachte ich auf und war fix und fertig, dass es nur ein Traum war. Und dann musste ich aufstehen und in die Schule gehen. Es fällt mir so schwer, das Aufstehen. Noch viel mehr als früher!

Merkwürdigerweise reden wir in der Schule gar nicht von dem Bau der Mauer.
Der Unterricht läuft weiter, wie bisher.
Vielleicht können unsere Lehrer auch nicht die richtigen Worte finden und sind irgendwie hilflos.

Wenn ich mit meiner Traurigkeit jetzt Lehrer wäre, würde ich mit meiner Klasse auch nicht reden. Weißt du warum? Ich hätte Angst, dass ich vor allen Schülern anfange zu heulen. Und das wäre mir peinlich.

Ich frage meinen Schulfreund Gabriel, wie er das alles findet. „Was soll ich wie finden?“, fragt er zurück. „Na, dass um das ganze Westberlin eine dicke fette Mauer gebaut worden ist, die immer noch höher wird!“
Gabriel guckt mich ganz komisch an und meint: „Davon weiß ich nichts.“
Und dann fragt er: „Haben wir irgendwas davon?“

„Wir können nicht mehr zu Oma nach Köpenick. Zu ihrem Kater auch nicht mehr.“ Das sage ich ziemlich laut.
„Deine Eltern kriegen das schon wieder hin, die sind doch schwer in Ordnung“, meint Gabriel und guckt mich freundschaftlich an.
„Mein Vater war gestern wieder total betrunken und hat meine Mutter gehauen“, teilt er mir mit und sieht ganz unglücklich aus.

Ich weiß nicht, was ich sagen soll. Ich habe plötzlich das Gefühl, dass Gabriel und mich auf einmal Welten trennen. Der weiß nichts über den Mauerbau!!!
Aus allen Radios tönt nichts anderes. In der Zeitung steht nur davon. Und im Fernsehen jede Menge Bilder von der Mauer!

Doch Gabriels Eltern haben keinen Fernseher, sie lesen auch keine Zeitung und das Radio hat der Vater irgendwann im Alkoholrausch kaputt gehauen.
Ein neues Radio ist in meiner Zeit sehr teuer.
Also bekommen sie auch keine Informationen.

Aber Gabriels Vater muss doch auf seiner Arbeit von den Geschehnissen hören!
Nur wird er zu Hause davon nicht reden.
Bei Gabriel wird ja kaum vernünftig miteinander gesprochen.

„Hast du Verwandte im Osten?", frage ich meinen Schulfreund. Wir haben bisher noch nie über so was geredet.
„Ich kenne keine Verwandten", sagt Gabriel, „nur meine Brüder." Er zuckt mit den Schultern.
„Hat dein Vater keine Mutter? Also deine Oma", hake ich nach.
„Doch", meint Gabriel, „aber die will nichts mehr von uns wissen. Früher kam sie ja noch zu uns. Aber du weißt ja…!"
„Gabriel, du musst doch deine Oma mögen!?" Ich werde richtig laut.

Gabriel guckt mich unbeteiligt an, zuckt noch einmal mit den Schultern und sagt: „Sie ist mir scheißegal!"

Und weißt du was, du in deiner Zeit? Zum allerersten Mal in meinem Leben beneide ich Gabriel, weil er um niemand hinter der Mauer weinen muss!

Nach der Schule erzählt Mutti Johanna und mir, was sie in den Nachrichten im Fernsehen gesehen hat. Die U-Bahnhöfe zwischen Ost- und Westberlin wurden von der DDR Seite aus zugemauert.
„Ist das nicht alles totaler Wahnsinn!?", sagt sie ganz verzweifelt.
Irgendwie ist Mutti nicht mehr die alte. Früher hat sie unsere Wohnung so schön in Ordnung gehalten.
Jetzt liegen überall Sachen rum und der Abwasch in der Küche stapelt sich.
„Sie ist zu traurig, um sauber zu machen", sagt mir Johanna, als wir allein sind. Kennst du in deiner Zeit das auch, dass man zu traurig ist, um was zu tun?

Die S- Bahnen fahren auch nicht mehr von Ost nach West oder von West nach Ost.
Alles Leben zwischen dem Westen und dem Osten ist unterbrochen. Ist das nicht ganz doll furchtbar?

Ich hab dir doch erzählt, dass es den Menschen im Osten untersag ist, Westfernsehen zu gucken.
Lehrer sollen ihre Schüler befragen was sie am Wochenende für Fernsehsendungen geguckt haben.
Wenn dabei raus kommt, dass es eine Sendung aus dem Westen war, bekommt die Familie richtig Ärger.
Die Leute in der DDR sollen sich um ihr eigenes Land kümmern und nicht zum Westen „schielen".

Wer im Osten etwas auf sich hält ist ein Mitglied in der politischen Partei der DDR.
Sie heißt „Sozialistische Einheitspartei Deutschland" = SED.

Der Staatssicherheitsdienst der DDR wird „Stasi“ genannt. Das klingt ganz niedlich, was? Es ist aber ein gruseliger Verein. Sie bespitzeln ihre eigenen Landsleute und stiften ganz normale Menschen dazu an, Nachbarn, Freunde, Kollegen, teilweise sogar die eigenen Eltern, Kinder oder Ehepartner bei denen zu verpetzen.

Stell dir vor, du hörst, dass die Eltern deines Freundes in den Westen abhauen wollen und verpfeifst die bei der Stasi. Diese gehen dann zu denen hin und holen sie ab ins Gefängnis. Dein Freund kommt in ein Heim. Vielleicht wird er auch zwangsadoptiert.
Unvorstellbar, was? Aber so läuft das teilweise in der DDR.
Natürlich nicht nur, es gibt mit Sicherheit auch viele schöne Sachen. Das ist ja hoffentlich klar.

Vati sagt mit bitterer Stimme, die DDR ist ein Unrechtsstaat. Seit die Mauer gebaut ist und wir so viel Neues über den Osten im Fernsehen erfahren sieht er manches anders als vorher.

Gestern, als wir vier abends Fernsehen geguckt haben, hat man Bilder von einem jungen Mann gesehen, der bei einem Fluchtversuch an der Grenze angeschossen und äußerst unsanft von den Grenzsoldaten weggeschleppt wurde.
Johanna und Mutti haben losgeheult und sich die Augen zugehalten. Vati hat ganz böse ausgesehen und irgendwas Wütendes vor sich hin gezischt.

Weißt du was, du in deiner Zeit, mir war auf einmal als habe ich gar keine Tränen mehr. Irgendwas war in mir tot. Dass Menschen grausam sein können habe ich ja schon gehört.
Aber nun habe ich es auch gesehen und das geht mir einfach über den Verstand.

Im Flur bei uns zu Hause klappert es am Briefschlitz. Das macht es nur, wenn der Postbote Post durchsteckt. Seit Tagen hoffen und hoffen und hoffen wir auf einen Brief von Oma.
Aus dem Fernsehen wissen wir, dass die Post von Ost nach West und umgekehrt noch langsamer geht als sonst.

Mutti hat natürlich längst einen Brief an Oma losgeschickt. Das ist wohl sonnenklar!
„Ein Brief von Oma!“, schreit Johanna, „ein Brief von Ooomaa!“ Ihre Stimme ist ein Mix aus Schreien und Jubel. Mutti fetzt aus dem Sessel hoch, wo sie gerade am Stricken war, und rast zur Tür. Johanna kommt schon angeflitzt, den Brief hält sie hoch und wedelt damit. Ihr ganzes Gesicht ist ein einziges Strahlen. Wie hübsch meine Schwester aussehen kann. Ich hatte es fast vergessen.

Mutti nimmt den Brief und guckt ihn an, als sei es ein Scheck über einhunderttausend DM. Ganz lange und andächtig schaut sie auf das Kuvert. Johanna und ich sind total still. Wir können uns vorstellen, wie dankbar Mutti jetzt ist. Endlich ein Lebenszeichen von Oma!

Dann setzen wir drei uns auf die Wohnzimmercouch. Johanna klebt rechts neben Mutti, ich links. Vati ist ja noch arbeiten.
Mit einer Schere macht Mutti den Brief behutsam auf. Ein bisschen zittern ihre Hände dabei.
Omas schöne altmodische Schrift strahlt uns entgegen. Mutti liest sofort vor:

„Ihr Lieben,
ich weiß zwar nicht wie es Euch geht, man hört so gar nichts, aber ich will wenigstens von mir schreiben."
Mutti guckt uns an. „Sie hat unsern Brief noch nicht bekommen!" Mutti wirkt völlig ratlos. „Lies weiter", bettelt Johanna.
„Was ist das nur für eine Welt", schreibt Oma. „Wir wollen hoffen, dass kein neuer Krieg kommt.
In den Nachrichten wird ja viel erzählt. Man weiß gar nicht, was man denken soll! Ich habe den ganzen Tag das Radio an.
An dem Morgen, wo Ihr nicht mehr kommen konntet, war es ganz furchtbar. Ich hatte ja schon im Radio gehört, was geschehen ist. Aber man hofft ja trotzdem.
Als Ihr dann wirklich nicht gekommen seid, habe ich den Tisch wieder abgeräumt und auch nichts gegessen. Das ging gar nicht.
Der Bäcker an der Ecke meint, es wird vielleicht zu Weihnachten Passierscheine geben.
> Man kann doch nicht einfach Familien auseinander reißen. Die müssen doch was machen. <
Na ja, der hat auch seine Tochter im Westen.

Ich gucke pausenlos in den Briefkasten. Von Euch ist doch mit Sicherheit ein Brief unterwegs. Aber wann kommt der??
Ach, wenn ich doch mit Euch reden könnte. Das Haus kommt mir noch einsamer vor, als sonst. Muts sitzt auf Johannas Platz und guckt, als ob er fragt:
> wo sind die alle vier geblieben? <
Und ich dachte, der Krieg ist vorbei. Und nun spricht man vom Kalten Krieg! Ja, so ist das.
Also, ich hoffe, ganz bald was von Euch zu hören.
Wie es Euch wohl so ergangen ist? Bestimmt nicht gut. Ach Gott, wie furchtbar!
Ja, ich schreibe bald wieder. Aber schreibt Ihr mir auch. Wann wir uns wohl wiedersehen werden???
Ganz liebe Grüße und Küsse,
Eure Mutti und Oma."

Mutti legt den Brief auf ihren Schoß und sucht in der Schürze umständlich nach einem Taschentuch. Johanna und ich sind ganz still. Es ist so schön, von Oma gehört zu haben. Mutti schnaubt sich ziemlich lange die Nase.

„Ich mach uns jetzt einen warmen Kakao", sagt sie und geht in die Küche.
Um diese Zeit gibt es sowas Gutes sonst nicht.
Den Brief hat sie auf den Tisch gelegt. Johanna schnüffelt daran, als wolle sie irgendwas von Oma in sich rein bekommen.
„Mutti soll ihn noch mal vorlesen", sagt sie dann leise vor sich hin.
Wir sitzen einfach so da und warten.

Es dauert ziemlich lange, bis Mutti mit drei dampfenden Tassen Kakao erscheint.
Ich glaube, sie hat Zeit gebraucht den Brief von Oma zu verdauen. Man verdaut ja nicht nur mit dem Magen das Essen, sondern auch mit dem Gefühl die Dinge die man so erlebt.

Mutti stellt jedem von uns eine Tasse hin und sagt: „Ein Glück, dass wir endlich von Oma gehört haben, was?“ Wir nicken beide heftig mit dem Kopf und haben schon den Mund an der warmen Köstlichkeit. „Hm, lecker“, sagt Johanna. „Wir feiern jetzt den Brief, nicht?“, sage ich. Mutti nickt mit dem Kopf. „Soll ich noch mal vorlesen?“, fragt sie dann.
„Au ja!“ rufen Johanna und ich im Chor.

Abends kommt Vati von der Arbeit. Er ist seit einiger Zeit nicht mehr Wachtpolizist, sondern arbeitet im Innendienst der Polizei. Daher kommt er jetzt jeden Tag pünktlich um 16.50 Uhr nach Hause.
Johanna und ich springen ihm entgegen. „Oma hat geschrieben! Ein Brief von Oma!“
Vati atmet hörbar auf. „Na Gott sei Dank!“, sagt er erleichtert.
„Hat sie unseren Brief erhalten?“, fragt Vati, nachdem wir alle einen Kuss bekommen haben. Mutti schüttelt den Kopf. „Nein, noch nicht.“ „Die machen, was sie wollen!“, schimpft Vati.

„Liest du uns den Brief auch noch mal vor?“, will Johanna wissen. „Mit Mutti haben wir ihn zweimal gelesen.“

Vati legt seinen Hut auf die Ablage im Flur und zieht den Mantel aus. Die schwarze Aktentasche stellt er an seinen Schrank hinter der Küchentür.
„Her mit dem Brief. Na klar!“, sagt Vati und lässt sich von Mutti den Brief geben. Mit seiner schönen Stimme liest er uns langsam und feierlich vor.

Vati sitzt am Küchentisch, Johanna und ich stehen rechts und links hinter ihm. Mutti ist am Herd und rührt versonnen in einem Kochtopf.
Nachdem Vati freiwillig Omas Brief gleich zweimal vorgelesen hat, erzählen wir uns gegenseitig, wie es letztes Ostern bei Oma war und was wir alles Schönes erlebt haben.

Wie selbstverständlich stellt Mutti irgendwann vier tiefe Teller vor uns hin und tut grüne Bohnen Eintopf, mit Rindfleisch aus der Büchse, auf jeden Teller.
Die Bohnen sind frisch vom Markt, die Kartoffeln auch. Fertigen Eintopf gibt es in meiner Zeit nicht zu kaufen.
Das Rindfleisch ist etwas Besonderes. Mutti hat es aus einem ganz bestimmten Laden. Es ist von unserer amerikanischen Schutzmacht.
Was die an Konserven zu viel haben kann da an uns verkauft werden.
„Fleisch mitten in der Woche“, sagt Vati voller Freude. „Na, wir haben ja auch was zu feiern.“

Sonst essen wir immer im Wohnzimmer. Aber an diesem besonderen Tag sind wir einfach in der Küche hängen geblieben.

Vati hat auch kein Schläfchen gemacht wie sonst nach der Arbeit üblich.
Wir hauen ordentlich rein. Ein super leckeres Essen! Kein Bisschen bleibt im Topf übrig.

Anschließend überlegen wir wie es Oma und Muts gerade gehen mag und was wir alles in den Antwortbrief an Oma schreiben werden.

„Wir schreiben, dass wir einen Tunnel graben und sie besuchen kommen“, sage ich.
Mutti guckt ganz traurig. Vati sagt auch nichts.
„Eine blöde Idee“, meint Johanna. „Wir schreiben, dass wir uns wie die Verrückten über ihren Brief gefreut haben und jeden Tag an sie denken.“
„Und, dass wir zur Feier des Tages Fleisch auf dem Tisch hatten“, sagt Vati.
„Wir hoffen auch, dass es Weihnachten Passierscheine gibt, muss in den Brief rein“, meint Mutti. „Schließlich hat Oma das geschrieben.“

„Ich male Oma ein Bild von uns. Wie wir ihren Brief lesen“, sage ich und hoffe, dass ich nicht noch mal was Unpassendes von mir gebe.
„Gute Idee“, meint Johanna und gibt mir einen lustigen Klaps an den Hinterkopf. Wir lachen alle vier.

Dann erzählt Vati von einem Kollegen, der aus dem Urlaub zurückgekehrt ist. „Stellt euch vor“, sagt er, „der musste in Drewitz, auf der Hinfahrt, vier Stunden stehen und warten!“

Wenn man Berlin mit einem Reisebus oder anderen Fahrzeugen verlassen möchte und über die Autobahn „Avus“ fährt, kommt man an den Grenzkontrollpunkt „Drewitz“. Dort geht es dann durch die DDR Kontrolle.

Man muss den Vopos Ausweise oder Pässe zeigen und danach einem DDR Zöllner sagen, ob man verbotene Sachen bei sich hat oder nicht.
Manchmal muss man auch aussteigen und das ganze Gepäck oder das Auto wird von denen durchgeschnüffelt!

Da ist schon was los in meiner Zeit, das kannst du in deiner Zeit mir glauben.

Hat man das alles hinter sich, fährt man über die Transitautobahn durch die DDR. Also durch die sowjetisch besetzte Zone. Anders kommst du aus Westberlin ja nicht raus. Doch, mit dem Flugzeug. Aber wer kann sich das schon leisten?

Nach stundenlanger Fahrt durch viele Schlaglöcher erreichst du den nächsten DDR Kontrollpunkt.

Vorher ist man unter Umständen von Vopos, die sich mit ihren Autos öfter hinter Büschen verstecken, angehalten worden. Wenn du auch nur ein ganz wenig schneller gefahren bist als erlaubt musst du sehr hohe Strafen in DM West bezahlen.
„Die DDR ist scharf auf Devisen“, also auf unser westliches Geld, hat Vati erklärt.

Richtung Westdeutschland heißt der Kontrollpunkt „Marienborn“ und in Richtung Süddeutschland, an der Grenze zu Bayern, heißt er „Hirschberg“.

Ja, und da geht dann das Gleiche von vorne los. Ausweiskontrolle, Zollkontrolle.

Du könntest ja unterwegs einen DDR Flüchtling aufgegabelt und in deinem Gefährt versteckt haben! Wer damit erwischt wird, geht für lange Jahre in eines der grausigen DDR Gefängnisse.
Und trotzdem wird es immer wieder versucht, die Flucht in den Westen. Einigen wenigen Menschen gelingt es zum Glück auch.

Bei Vatis Kollegen ging aber alles gut. Außer der langen Wartezeit. „Aber daran sind wir Berliner ja gewöhnt“, meint Vati ironisch.

„Ist das schön, mal wieder richtig miteinander zu erzählen“, sagt Johanna zufrieden.
„Stimmt, das haben wir lange nicht gemacht“, meint Vati und greift zum Nachtisch.
Mutti hat zur Feier des Tages ein Einweckglas mit Erdbeeren aus dem Keller geholt. Die sind aus Omas Garten.

„Durch den ollen Fernseher spielen wir gar nicht mehr zusammen“, sage ich mit einer Erdbeere im Mund. Vati nickt zustimmend.
„Seit diesem verfluchten 13. August ist einfach alles anders!“

Der Tod des Präsidenten

Warum bleiben die schönen Dinge nicht für immer? Kennst du in deiner Zeit solche Gedanken auch?

Mutti meint, wenn es immer nur schön wäre, würden wir uns auf gar nichts mehr freuen können.
Ich sage dir in deiner Zeit ganz ehrlich, ich möchte mich mal wieder auf Oma und Muts freuen können! Oder wenigstens vorfreuen, also Vorfreude auf Oma haben.

Und weißt du was? In meiner Zeit zählen wir bereits das Jahr 1963. Und weit und breit keine Passierscheine in Sicht! Es ist zum Heulen. Und das tun Johanna und ich noch immer ziemlich oft.

In der Schule bin ich in fast in allen Fächern auf Note Drei angekommen!
Ich kann mich einfach nicht mehr konzentrieren.

Statt zu lernen entwerfe ich manchmal Briefe an Walther Ulbricht, dem DDR Chef.
Ich mache ihm Vorschläge für Passierscheine. Aber abschicken tu ich die Briefe nicht. Vati hat mir das verboten.
Neulich habe ich ein Gedicht entworfen:
„Und der Ulbricht sitzt auf Lauer, wartet auf die neue Mauer. Die nun dicker als zuvor, ragt nach Westberlin hervor.
Doch der Stacheldraht muss weg, denn er ist ein Schandesfleck!“

Johanna hat beim Rumschnüffeln den Zettel gefunden, wo es drauf steht. „Du bist ja total bescheuert!“, hat sie gesagt und dabei aber verständnisvoll gelächelt.

Wir vier gucken noch immer jeden Abend Fernsehnachrichten und hoffen, dass bald mal was Gutes zu hören ist.

Oma hat inzwischen auch von uns Briefe bekommen und wir viele von ihr. Oma und wir schreiben immer, der Reihenfolge nach, Zahlen rauf. Durch das Nummerieren der Briefe haben wir gemerkt, dass einige tagelang oder noch länger irgendwo hängen bleiben oder gar nicht ankommen!
Neulich war so ein blauer Stempel drauf: „Wurde geöffnet.“ Und dann irgendwelche Nummern und Zeichen von einer DDR Poststelle.
Aber Hauptsache wir hören voneinander. Eigentlich müsste ich ja sagen: Wir lesen voneinander. Denn hören tun wir ja nichts von Oma.
Ich stell mir manchmal ihre Stimme vor, wie sie Muts von Draußen rein ruft oder uns Kinder von Früher erzählt. Ach, war das schön!

Mutti geht jetzt häufig Einkaufen. Sie guckt nach günstigen Angeboten für Dinge, die sie dann den Verwandten in den Osten schickt. Päckchen packen und zur Post bringen ist bei uns inzwischen an der Tagesordnung.
Das geht alles ganz schön ins Geld. Wie du weißt, haben wir nicht sehr viel davon.

Darum müssen wir noch mehr sparen als vor dem Mauerbau. Aber wir machen das gerne.

Trotz des Sparens bekommen Johanna und ich inzwischen drei Mark Taschengeld im Monat.
Damit wir lernen mit Geld umzugehen, hat Mutti jedem von uns ein kleines Oktavheft gegeben. Wir sollen aufschreiben, was wir uns von dem Taschengeld kaufen.
Bei mir steht öfter: „ – 0,79 DM für eine Tüte Ingwer“ Rate mal, wo das Tütchen hin geht? In das Päckchen zu Oma natürlich, das jeden Monat geschickt wird.
Oma fühlt sich sehr einsam ohne uns. „Es ist lange schon so furchtbar still in dem großen Haus.“, hat sie neulich erst wieder geschrieben. Arme Oma.
Gott sei Dank, hat sie wenigstens den Muts bei sich!

Ach, ich habe dir doch erzählt, dass viele Menschen auf den amerikanischen Präsidenten John F. Kennedy hoffen. Der soll irgendwas managen, dass wir in den Osten reisen dürfen. Nun ist ja die USA sehr weit weg von Berlin.
Zwar haben wir viele amerikanische Soldaten im Land, die aufpassen sollen, aber die können dazu nichts tun. Sie leben mit ihren Frauen und Kindern in ganz hübschen Siedlungen, aber von uns Deutschen überwiegend isoliert. Die Kinder haben eigene Schulen. Extra Läden haben sie auch.

Seit 1960 ist einmal im Jahr ein Deutsch Amerikanisches Volksfest.

Da gehen Vati, Mutti, Johanna und ich meistens hin. Es gibt typisch amerikanisches Essen.
Steaks zum Beispiel. Johanna und ich gucken uns die Augen aus dem Kopf. So was kennen wir sonst nicht. Für dich in deiner Zeit ist ein Steak gar nichts Aufregendes mehr. Habe ich Recht?
Es gibt da auch Karussells und eine Achterbahn. Damit fahren können wir uns nicht leisten. Zugucken macht aber auch richtig Spaß.
Meine Güte, was ihr in eurer Zeit für Rummels und Achterbahnen habt! Da saust mir ja mein Kopf vor Schwindel.

In diesem Jahr wird es auch ein Deutsch Französisches Volksfest geben. Im Januar haben unser Bundeskanzler Adenauer und der französische Staatschef De Gaulle einen Vertag unterschrieben, dass Deutschland und Frankreich Freunde sein wollen. Das ist schon ein Ereignis!
Auf Freunde wirft man keine Bomben.

Es soll auch einen Schüleraustausch zwischen Deutschland und Frankreich geben.
Natürlich wird das auch zwischen Amerika und Deutschland so funktionieren. Und auch mit England wird es so werden. Ob es auch mal mit Russland so gehen wird?
Verstehst du, warum es wichtig ist, dass Länder sich miteinander befreunden?

Übrigens, in den Nachrichten wurde angekündigt, dass ein ganz großes Ereignis für Berlin bevor steht.

John F. Kennedy, der Präsident der USA, wird Deutschland und Westberlin besuchen.

Ende Juni ist es so weit. Die ganze Stadt ist aufgeregt und freut sich wie doll und verrückt.
Der Besuch ist ein Zeichen, dass Amerika uns nicht fallen lässt, wenn die Russen versuchen sollten Westberlin zu „kassieren“. Das hatte ich dir ja schon erklärt.

Für die DDR ist Amerika noch schlimmer als die Bundesrepublik Deutschland.
Es ist das kapitalistischste Land der Welt. Amerika und Russland fürchten jeder, dass der andere Atombomben auf den andern wirft! Grauenvoll, aber wahr.
Du, in deinem friedlichen Land, kannst dir so was Verrücktes gar nicht mehr vorstellen, was? Sei froh, dass du im Frieden lebst! Weißt du eigentlich, was Frieden ist? Frieden ist das Gegenteil von Krieg.

Die Zeit in der ich lebe wird als „Kalter Krieg“ bezeichnet. Uns fliegen zwar keine Bomben „um die Ohren“, aber die Gefahr, dass einer der Supermächte eine oder zwei Atombomben zündet, ist stets gegenwärtig. USA und Sowjetunion werden als Supermächte bezeichnet.

Als Kind weiß man ja nie so ganz genau, was die Erwachsenen da so meinen, wenn sie von Gefahren sprechen. Aber spüren tun wir die Gefahr, von der sie reden, schon, nicht wahr?

Und da wir uns das Gefährliche nicht erklären können, fühlt es sich für uns noch viel gefährlicher an! Blöde Situation.

Na ja, jetzt kommt also John F. Kennedy und alles wird gut. Jedenfalls stellen Johanna und ich uns das so vor. Wir lieben den USA Präsidenten jetzt schon dafür.
Er hat übrigens eine wunderschöne Frau, Jaqueline Kennedy und zwei richtig süße Kinder, Caroline und John John.

Wenn alles klappt, wollen Mutti, Johanna und ich zum Rathaus Schöneberg fahren und bei der Rede, die er dort halten wird, dabei sein. Vati wird an diesem Tag arbeiten müssen. Auch Polizisten im Innendienst haben an diesem besonderen Tag Bereitschaftsdienst.

Ach, das muss ich dir in deiner Zeit einfach mal erzählen. Eure Politiker benehmen sich doch hoffentlich recht ordentlich, oder?
Schließlich sollen Politiker ja ein Vorbild für die Menschen in ihrem Land sein.

Also, in meiner Zeit heißt der Chef der Russen Nikita Sergejewitsch Chruschtschow und ist jetzt 69 Jahre alt. Mutti würde jetzt meckern: „Der ist nicht Chef der Russen, sondern Staatschef der UdSSR und Parteichef des ZK (Zentralkomitee) der KPdSU (Kommunistische Partei der Sowjet Union)." Gut, ich erkläre dir in deiner Zeit jetzt mal was UdSSR heißt.

Vielleicht bist du ja ein recht schlaues Kerlchen und willst sowas wissen. Es bedeutet Union der Sozialistischen Sowjetrepubliken.

Genau wie „USA“ Vereinigte Staaten von Amerika bezeichnet, zeigt die UdSSR den Zusammenschluss der „Russen“, das politische Zentrum des Ostblocks, auf.
Länder schließen sich öfter mal zusammen, um auf den Rest der Welt stärker wirken zu können. Das ist schon eine sinnvolle Sache.

Der französische Präsident Charles de Gaulle und unser Bundeskanzler Dr. Konrad Adenauer haben im Januar auch darüber gesprochen, dass es wichtig ist, dass sich möglichst viele Länder in Europa zusammenschließen. Nur gemeinsam ist man stark!

Du in deiner Zeit gehörst doch auch zu einem Zusammenschluss. Die Europäische Union. “EU“ genannt. Merkst du, die Idee der beiden großen Männer ist Wirklichkeit geworden! Ist das nicht genial?

Ich entschuldige mich bei den Schlauen deiner Zeit für meine häufige Bezeichnung „Russen“. Die meisten in Westberlin reden nicht von den Menschen der Sowjetunion, sondern von den Russen. Was damit gemeint ist, ist uns allen schon klar! Das habe ich dir ja auch schon erklärt.
Mutti sagt auch immer wieder: „Hoffentlich kassieren die Russen uns nicht!“

Jedoch wenn man schulmäßig wird, sollte man schon wissen was wirklich gemeint ist.

Jetzt aber zurück zu Nikita Chruschtschow. In Ostberlin an Kiosken, gab es kleine niedliche Plüschfiguren, wo „Nikitierchen“ drauf steht! Der Kopf sieht aus wie der von dem Staatschef der UdSSR. So sollen die Kinder der DDR wohl lernen Nikita Chruschtschow zu lieben.
Als wir das gesehen haben, meinte Vati: „Die spinnen doch total!“ Mutti, Johanna und ich haben gelacht. Und wie findest du das?

Eure Politiker sind ja sehr gebildet, oder? Ich meine, die haben alle eine hohe Schulbildung genossen. In meiner Zeit ist das anders. Da können auch ziemlich einfache Menschen Politiker werden. Ein Abitur ist nicht unbedingt notwendig. Hauptsache man macht den Job so, dass alle zufrieden sind.

Ich finde das hat Vorteile. Menschen, die es in der Schule auch mal schwer hatten und in normalen Berufen gearbeitet haben, verstehen meiner Meinung nach das normale Volk oft einfach besser.
Sie sind ein Mensch aus dem Volk und wissen was die Menschen wirklich bewegt.
Doof dürfen sie natürlich nicht sein. Das gäbe ein Chaos!
Ihr wählt ja auch nicht euren Klassenclown zum Klassensprecher. Das hoffe ich jedenfalls für dich. Ein Spinner kann für euch doch nichts Gutes bewirken!

Nikita Chruschtschow ist eine Mischung aus schlau und Clown. Ziemlich jung noch hat er eine Lehre als Maschinenschlosser gemacht. In meiner Zeit haben viele nur 7 Jahre eine Volksschule besucht. Mit Dreizehn haben sie angefangen zu arbeiten.
Sowas tät einigen Spinnern in deiner Zeit auch gut!

Weißt du, eine lange Zeit in der Schule muss nicht heißen, dass man ein Supertyp wird. In meiner Zeit gibt es tolle Leute mit ziemlich kurzer Schulbildung. Wenn man wach ist für das was gerade geschieht und daraus lernt, kann man auch reichlich klug werden. Albert Einstein hat nie ein Abitur gemacht. Natürlich bleibt Schule trotzdem wichtig!

Zurück zum Staats- und Parteichef Nikita Chruschtschow. Stell dir vor, der kommt zu einer ernsthaften Sitzung der vier Großmächte (USA, England, Frankreich, UdSSR) nach Paris angereist. Statt ernsthaft das Wichtige zu diskutieren, macht der einfach eine Landpartie durch die Provence. Die Provence ist ein wundervoller Landstrich in Frankreich. Die andern sind vor Wut fast ausgeflippt!

Fünf Monate später wieder eine total wichtige Versammlung. Chruschtschow gefällt einiges nicht. Lauter hochkarätige Politiker um ihn rum und die Fernsehkameras der halben Welt auf ihn gerichtet. Da zieht er seinen einen Schuh aus und hämmert mit diesem auf dem Tisch herum, um seinem Protest Ausdruck zu verleihen!
Peinlicher kann ein Politiker sich kaum verhalten.

Mutti, Vati, Johanna und ich haben das in den Nachrichten im Fernsehen gesehen.
„Das glaube ich nicht!“, hat Vati gerufen. Mutti hat gesagt: „Und dieser Mensch regiert ein so großes Land!“ Johanna hat wie wild gelacht und gesagt: „Spinner!“
Weißt du, was ich gedacht habe? Kein Wunder, dass so viele Leute Angst haben, dass die Russen uns kassieren! Der kam mir vor wie ein Wilder aus der Urzeit.
Mächtige Leute, die dermaßen die Beherrschung verlieren können, finde ich gefährlich.

Der Präsident der USA, John Fitzgerald Kennedy, wirkt anders. Er hat eine ganz besondere Ausstrahlung, die uns Hoffnung auf was Gutes macht. Er ist groß und schlank, hat volles schönes Haar und ist immer gut angezogen.

Nikita Chruschtschow wirkt untersetzt, hat ein rundliches Gesicht und eine Glatze.
Aber vielleicht hat auch er Enkelkinder die ihn ganz doll lieb haben. Wir kennen ja nur die eine Seite von ihm!
Außerdem finde ich, dass man nicht unbedingt gut aussehen muss, um sympathisch zu wirken. Man braucht auch nicht immer die tollsten Klamotten an zu haben.

Aber wenn man Mist baut, wird schnell auch das Äußere bewertet. Dann sagen die Leute: „Kein Wunder, wie der aussieht!“

Bist du ein kluger Mensch der auch Gutes tut und läufst lässig rum, dann sagen die Menschen: „Ja, der kann sich das leisten.“

Jedenfalls mögen wir Westberliner John F. Kennedy und freuen uns wie wild auf seinen Besuch in Deutschland.

Vor dem Mauerbau 1961 haben sich Kennedy und Chruschtschow auch mal in Wien getroffen und miteinander geredet. Über weniger Waffen und wie es mit Ost- und Westberlin weiter gehen soll.
Sie waren freundlich zueinander. Weißt du warum?
So etwas nennt man „Diplomatie“. Man ist freundlich zueinander obwohl man sich nicht mag. Weil jeder von dem andern was will.
Darum ist man diplomatisch!
Wir Kinder finden sowas ja ekelig, nicht wahr?

Aber Vati hat mir erklärt, dass ohne Diplomatie kein Frieden in der Welt zu erreichen ist. Er hat gesagt: „Wenn du einen Lehrer doof findest, sei diplomatisch und zeige es ihm nicht. Du bist abhängig von seiner Beurteilung, also sei diplomatisch.“

Was sagst du in deiner Zeit dazu? Findest du, dass mein Vater Recht hat?

Johanna und ich sind nie diplomatisch miteinander. Wir sagen uns immer ganz klar was Sache ist. Da fliegen schon mal die Fetzen! Aber wir vertragen uns auch schnell wieder.

Schließlich sind wir Geschwister und leben gemeinsam in einer Wohnung.
Mutti und Vati zanken sich auch ab und an. Sie vertragen sich noch schneller als wir. Trennung muss man sich leisten können. Das habe ich dir ja schon erklärt.
Vielleicht ist Diplomatie doch eine vernünftige Sache?

Vorigen Herbst hatten wir wochenlang Angst vor einem Atomkrieg zwischen den USA und der Sowjetunion. Das war richtig ernst!
Chruschtschow hatte auf Kuba in Südamerika schlimme Waffen stationiert. Die USA hat er gewarnt: Wenn sie Kuba angreifen gibt es einen dritten Weltkrieg!
Egal wer auf wen zuerst eine Atombombe geworfen hätte, wir in Europa wären mitten drin gewesen. Vati und Mutti waren ganz blass um ihre Nasen.
Stell dir vor, Kuba in ist auch noch in deiner Zeit ein recht kommunistisches Land. Aber die Sowjetunion gibt es bei euch in deiner Zeit nicht mehr.

Merkst du eigentlich, dass das Weltgeschehen auch uns Kinder etwas angeht?
Wenn die beiden Supermächte aufeinander losgegangen wären, könnten wir uns jetzt nicht so gut unterhalten. Es gäbe uns nicht.

Ich bin dem Chruschtschow echt dankbar, dass er schließlich den Abzug der Waffen, die er auf Kuba stationiert hatte, angeordnet hat.

Er hat nachgegeben. Das zeugt von innerer Größe. Auch wenn er gelegentlich mit Schuhen auf Tische hämmert.

Meiner Güte, waren wir alle froh! Mutti hat zur Feier des Tages ein Glas eingeweckte Kirschen aus Omas Garten aufgemacht. Hm, waren die lecker.

Du solltest dich immer für das, was in der Welt geschieht, interessieren.
Ganz egal wie alt du bist. Denke nie, es geht mich nichts an, das machen schon die andern.
Wenn du das Weltgeschehen nicht verstehst, macht Leben weniger Spaß, das kannst du mir glauben.
Je mehr Zusammenhänge du von deinem Leben und dem der anderen verstehst, desto interessanter wird es für dich.
Du kapierst wozu du da bist.
Dann kennst du keine Langeweile, weil du immer Zusammenhänge zwischen den Geschehnissen zu erforschen hast.
Und glaube mir, nur so kannst du wichtig für die Welt werden. Weil du deinen Platz in ihr findest.

Wenn man so sinnlos rumgammelt, wie viele in deiner Zeit es tun, fühlt man sich nicht gut. Stundenlange Computerspiele oder Surfen in Chatrooms…!

Ihr in eurer Zeit habt sogar Nachrichtensendungen für Kinder in Radio und Fernsehen. Guck und höre dir sowas an, das ist wirklich spannend!

Außerdem fühlst du dich nicht mehr so allein. Weil du dich in einem „Größeren Ganzen“ wieder findest.

So, jetzt erzähle ich dir aber vom Besuch des Präsidenten der USA in Berlin.
Mutti ruft schon: „Kinder zieht euch an, wir wollen losfahren!“
Mit der Straßenbahn 55 geht es nach Siemensstadt zu der neu gebauten Brücke von der Stadtautobahn. Da wird Präsident Kennedy in einem offenen Auto lang fahren. Vati hat uns genau berechnet, wo wir ihn am besten sehen könnten.

Meine Güte, ist das hier ein Gedrängel! Tausende Berliner wollen Kennedy zuwinken. Johanna und ich sind aufgeregt wie eine Tüte Mücken.
Es ist gar nicht so einfach einen guten Platz zu finden.
„Wir fassen uns alle an, damit keiner in dem Gedränge verloren geht“, sagt Mutti.
Sie hat rote Flecken im Gesicht. Die hat sie nur bei höchster Anspannung.
Irgendwie schaffen wir uns einen Platz ziemlich nah an der Fahrbahn. „Mund auf“, sagt Mutti und steckt uns jedem ein Eukalyptusbonbon in den Mund. Die mögen wir gerne, weil sie einen frischen Atem machen.
„Falls Kennedy euch anspricht“, scherzt Mutti. „Damit meine Kinder auch einen guten Eindruck hinterlassen.“

Durch die Masse geht ein Raunen: „Er kommt…!“

Alle recken ihre Hälse in die Richtung von wo die Kolonne angefahren kommen wird.
Pu, bin ich aufgeregt. Kannst du in deiner Zeit das verstehen?

Motorengeräusche sind zu hören. Irgendwie ist es, als ob alle vor Spannung die Luft anhalten. Johanna und ich stehen auf Zehenspitzen. Mutti hinter uns.
„Kommt mal vor ihr Kinder", sagt der Mann, der direkt vor uns steht.
Sofort springen Johanna und ich vor. „Und Mutti?"
„Na, kommen Sie auch", sagt der nette Herr und tauscht mit Mutti den Platz. Er ist einen Kopf größer und hat ein freundliches Gesicht.
„Vielen Dank, wie nett von Ihnen", sagt Mutti und wird rot vor Freude. Johanna und ich strahlen ihn an.

Und dann ist es soweit. Weiß gekleidete Polizisten auf Motorrädern und dann eine offene Limousine mit John F. Kennedy!
Mit im Auto sind der Bundeskanzler Adenauer und der Regierende Bürgermeister Willy Brandt. Alle winken freundlich. Das Auto fährt ganz langsam.

Die Menschen jubeln und winken wie doll und verrückt. Und jetzt bleibt das Auto stehen. Direkt vor uns! John F. Kennedy, der Präsident der USA, guckt genau zu Johanna und mir und schenkt uns ein zauberhaftes Lächeln. Vor Aufregung wird mein Mund ganz trocken.
Dann fährt der Wagen weiter. Die Menschen jubeln und jubeln und können sich gar nicht beruhigen.

„Ich glaube es nicht!“, gibt Johanna von sich und haut mir in die Seite. „Mensch, der hat uns direkt angesehen.“
„…und gelächelt!“, sage ich, immer noch ganz benebelt vor Glück.
Mutti ist sprachlos. Sie strahlt über das ganze Gesicht. „Er wird uns helfen, das spüre ich. Weihnachten gibt’s Passierscheine zu Oma.“ Eine Träne läuft ihr über die rechte Wange.

„Kommt Kinder, jetzt fahren wir zum Rathaus Schöneberg.“ Mutti nimmt uns bei den Händen und zottelt uns aus der Menge.
Das „Schöneberger Rathaus“ ist der Regierungssitz von Westberlin.
Das „Rote Rathaus“ ist der Regierungssitz von Ostberlin.

Wir fahren mit dem Bus und der U-Bahn. John F. Kennedy wird am „Schöneberger Rathaus“ eine Rede an die Berliner halten.
Der Platz vor dem Rathaus ist knackend voll. Es werden so 500.000 Berliner sein die hier stehen und hoffen, dass dieser beliebte US Präsident etwas Tröstliches für uns sagen wird.

„Wie gut der aussieht“, sagt Johanna. „Und so zuversichtlich hat er gewirkt“, sagt Mutti.

Ich kann noch immer kaum was sagen, weil ich von dem Blick, den John F. Kennedy mir geschenkt hat, so bewegt bin, dass ich keine Worte finde.

Kennst du sowas. Dass man vor Glück nichts mehr sagen kann?

Ich habe ein Gefühl in mir, als ob Oma und Muts da sind und die Welt wieder in Ordnung ist.

Die Freiheitsglocke im Rathaus Schöneberg beginnt zu läuten.
Sie wurde 1950 von dem amerikanischen General Clay an die Berliner übergeben und trägt die Inschrift:
„Möge diese Welt mit Gottes Hilfe eine Wiedergeburt der Freiheit erleben."
Täglich wird ihr Geläut vom RIAS Berlin übertragen.
RIAS = Radio im Amerikanischen Sektor.

Auf dem Platz wird es ganz still. Unser Regierender Bürgermeister Willy Brandt begrüßt offiziell den Präsidenten der USA, John F. Kennedy.
Er sagt etwas sehr Bedeutungsvolles: „Wir grüßen nicht nur das Amt. Wir grüßen auch den Mann."

Tief in mir fühle ich, dass Willy Brandt damit etwas ganz Persönliches gesagt hat, was normalerweise Erwachsene bei hochoffiziellen Anlässen nicht von sich geben. Ich bin gerührt wie Apfelmus.

Und dann fängt John F. Kennedy an zu reden. Er hat eine sehr schöne Stimme.
Das Amerikanische verstehe ich nicht. Wir Kinder verstehen ja auch noch nicht so richtig, um was es bei politischen Reden geht.

Aber es ist einfach schön, hier in der Nähe von diesem tollen Mann aus Amerika zu sein und ihm zuzuhören.
Nach einer ganzen Weile sagt er mit seinem amerikanischen Akzent etwas auf Deutsch:
„Ich bin ein Berliner!“ Die Menschen toben vor Begeisterung, manche weinen vor innerer Bewegtheit. Das Klatschen will kein Ende nehmen.

Ich fühle, dass er etwas ganz doll Liebes und Tröstliches uns Westberlinern mit unserer grausigen Mauer sagen wollte.
Und ich glaube, er hat es bestimmt auch für die Ostberliner gesagt.
„Ich bin ein Berliner“, hat er gesagt.
„Westberliner“, hat er nicht gesagt.

Im Osten sitzen bestimmt viele an ihren Radios und verfolgen den Aufenthalt von John F. Kennedy an diesem 26. Juni 1963 mit uns allen mit.
Oma schreibt doch immer, dass sie viel Radio hört. Also wird sie jetzt auch diese Rede gehört haben. Und Muts wird neben ihr sitzen und an uns denken.

Mutti hat vorhin gesagt, dass Kennedy an Weihnachten für Passierscheine sorgen wird. Es klang so überzeugt.
Zwei Jahre steht diese bescheuerte Mauer schon! Zwei lange Jahre ohne Oma und Muts.

Vati und wir werden uns heute Abend die Rede von John F. Kennedy im Fernsehen angucken.

Die nächsten Tage sind alle Zeitungen voll mit Bildern von John F. Kennedy und seinem Deutschlandaufenthalt.

Mutti liest uns vor, was Kennedy rund um seine Aussage „Ich bin ein Berliner“ noch so Wichtiges sagte: „Alle freien Menschen, wo immer sie leben mögen, sind Bürger Berlins, und deshalb bin ich als freier Mann stolz darauf sagen zu können: Ich bin ein Berliner.“

Na, habe ich es doch gefühlt! Zu dem gesamten Berlin hat er gesprochen! Zu den Menschen in Ost, zu den Menschen in West.

Er hat gewusst, dass viele Ostberliner an Radio und Fernsehen seinen Besuch mit verfolgen und hat ihnen bescheinigt, dass sie tief im Innern freie Menschen sind und bleiben. Und dass er sich auch zu ihnen zugehörig fühlt.
John F. Kennedy ist ein gläubiger Katholik. Ich fühle Liebe zu diesem Präsidenten. –

1963 hat es in sich! Am 15. Oktober tritt unser Bundeskanzler, Dr. Konrad Adenauer, von seinem Amt zurück. Er war der erste Bundeskanzler der Bundesrepublik Deutschland.

Ich bin ganz traurig. Irgendwie war ich an den großen alten Mann gewöhnt. Er hat viel für Deutschland getan. Und darum fehlt er mir jetzt schon. Sein Nachfolger wird Ludwig Erhard.

Bei euch in deiner Zeit wechseln die Politiker ziemlich oft, was? Vielleicht kennst du sie auch gar nicht?
Unser Bundeskanzler hat mir ein Gefühl von Sicherheit gegeben.
Woher nimmst du in deiner Zeit Sicherheitsgefühle?

Am 22. November 1963 passiert dann das Unvorstellbare. Vati, Mutti, Johanna und ich sitzen abends vor dem Fernseher und sehen Nachrichten.
John F. Kennedy ist auf einer Wahlkampfreise in Dallas, Texas.

Er fährt in einem offenen Auto durch die Innenstadt.
Neben ihm sitzt seine hübsche junge Frau, Jaqueline Kennedy.
Plötzlich fallen Schüsse. Mehrere. John F. Kennedy bricht zusammen.
Wenig später ist er tot. Ermordet mit nur 43 Jahren!!

Ich renn in unser Bad, riegele die Tür zu und heule wie ein Schlosshund. Ich kann mich gar nicht einkriegen.

Warum ist das geschehen? Was soll das!?
Ich heule und heule um diesen Präsidenten.
Ich kann es einfach nicht fassen!
Wo ist er hin?
Warum nur bleiben die schönen Dinge nicht
für immer?
Mich tröstet keine Antwort.

Endlich Passierscheine

1963 hat es in sich. Das habe ich dir doch gesagt. Den Tod von John F. Kennedy habe ich noch immer nicht verdaut. Mutti, Vati und Johanna sind genauso traurig. Sie verstehen auch nicht, warum das geschehen ist.

In den Zeitungen stehen alle möglichen Vermutungen. Man hat knapp 1 1/2 Stunden nach den Gewehrschüssen einen Verdächtigen festgenommen. Der ist aber zwei Tage nach der Verhaftung bei der Überführung in das Staatsgefängnis, im Keller des Polizeigebäudes, von einem Nachtclubbesitzer erschossen worden!
Es herrscht ein ziemliches Durcheinander. Man kann den Mord nicht aufklären.

Ich glaube, ihr in eurer Zeit erlebt nicht so viel Aufregendes, wie wir Kinder in meiner Zeit. Sei froh. Das alles geht mir ganz schön aufs Gemüt. Aber es macht auch widerstandsfähig.
Die Generation vor mir, zu denen Mutti und Vati gehören, hat noch viel mehr erleben müssen. Täglich Tote durch den Krieg. Viele haben ihre Eltern, Geschwister, Kinder, Omas und Opas verloren. Zerbombte Häuser, kein Zuhause mehr. Schrecklich!
Da konnte sich keiner leisten verzärtelt zu sein.
Leben kann manchmal verdammt hart sein.
Da ist es schon sinnvoll, Widerstandskraft
in sich entwickelt zu haben.

Wer das Schlimme des Lebens ausklammert, fällt beim ersten „Windstoß“ um!
Man muss sich den Gegebenheiten stellen. Gleichgültig wie alt man ist!
Darum beschäftige ich mich mit dem Tod des Präsidenten. Ich frage mich nach dem höheren Sinn. Wo geht die Seele hin? Stellst du dir manchmal auch solche Fragen?

Mutti, Vati, Johanna und ich gucken uns die Beisetzung von John F. Kennedy im Fernsehen an. Natürlich ist es ein Staatsbegräbnis mit militärischem Geleit. Und auch von der Kirche wird Tröstliches zum Ende des Lebens vom Präsidenten der Vereinigten Staaten von Amerika gesagt.

Der kleine John John salutiert vor dem Sarg seines Vaters! Jaqueline Kennedy und ihre zwei kleinen Kinder sehen unendlich traurig aus. Sie knien vor dem Sarg nieder. Ist das alles furchtbar!
Ich habe mir meinen einzigen schwarzen Pullover angezogen.
Johanna guckt mich ganz komisch an und zeigt mir einen Vogel. Soll sie, ist mir egal.

Als alles vorbei ist, macht Vati den Fernseher aus und stellt sich an unseren warmen Kachelofen. „Tja….“, sagt er. Mehr nicht.
„Nun wird nichts mehr mit Passierscheine“, sagt Mutti und sieht voll unglücklich aus.
„Waas?“, schreit Johanna. „Ich denke, wir fahren Weihnachten zu Oma!?“

Vati zuckt nur mit den Schultern. „Sag du doch auch mal was!“, brüllt Johanna mich an. Sie ist total aus dem Häuschen.

Kennst du in deiner Zeit das auch: Man hat so seine Gedanken im Kopf und weiß nicht, ob man die erzählt oder lieber für sich behält.
Vielleicht spinne ich auch total. Aber dir kann ich ja sagen, was ich denke.
Die Seele von John F. Kennedy ist in den Himmel zurückgekehrt.
Weil die Menschen so viel Hoffnung auf seine Hilfe hatten, bittet er den Lieben Gott, uns allen den Wunsch nach Passierscheinen zu erfüllen.

Chruschtschow und Kennedy sind oder waren ja schon mächtig. Aber gegen die unendliche Macht vom Lieben Gott, ist ihre Macht gleich Null. Na, was denkst du?
Passierscheine oder nicht Passierscheine?

Vielleicht hätte Kennedy uns von der Erde aus nicht wirklich helfen können.
Ist das der Sinn von seinem Tod? Wir Kinder denken doch manchmal so.
Die Gedanken trösten mich. Ich behalt sie für mich und bin in den nächsten Wochen stiller als sonst.

Und dann: Es ist der 17. Dezember 1963. Ich habe mir eine Entenfeder in die Haare gesteckt und renne „hurra, hurra, hurra“ schreiend durch die Wohnung. Mutti sitzt in der Küche und heult.

Johanna hüpft hinter mir rum und schreit: „Passierscheine! Endlich Passierscheine!“
Vati steht auf dem eiskalten Balkon. Ich glaube, er raucht die fünfte Zigarette.

In den Radionachrichten haben sie es gebracht: Eine Passierscheinvereinbarung ist von Ost und West unterzeichnet worden. Einwohnern von Westberlin wird auf Antrag der Besuch von Verwandten in Ostberlin ermöglicht.

Zwischen dem 19. Dezember 1963 und dem 5. Januar 1964 darf man für einen Tag die Verwandten in Ostberlin besuchen.
Ein Tag nur, aber immerhin. Ein Tag mit Oma. Ein Tag Muts. Ich empfinde das nach zwei Jahren Hunger auf Oma für supersupertoll!

Im Geiste sehe ich das bezaubernde Lächeln, das John F. Kennedy uns damals aus dem offenen Wagen heraus schenkte und spüre, dass seine Seele zu Hause ist.

Vati steht inzwischen am Ofen und stinkt nach Rauch. Er sieht total zufrieden aus.

„Wahnsinn, Passierscheine!“, sagt Johanna. „Da hat dein Kennedy ja doch noch geholfen.“ Sie zieht mir die Entenfeder aus den Haaren und kitzelt damit einmal an meiner Nase. Dann steckt sie die Feder wieder an ihren Platz und zwinkert mir ungewohnt liebevoll zu. Es gibt sie, die unsichtbaren Dinge.

Mutti sitzt am Küchentisch und hat einen Stift in der Hand. Sie sieht nachdenklich aus und hat verheulte Augen.
Man kann auch vor Erleichterung weinen. Hast du in deiner Zeit so was schon mal erlebt?

Vor Mutti liegt unser Schreibblock. Ich stelle mich hinter sie und gucke, was sie da so Wichtiges zu schreiben hat. Es ist ein Brief an Oma.
„Wir müssen ihr schnell mitteilen, wann wir kommen werden. Die Post geht doch so langsam.“ Muttis Stimme klingt besorgt.

Weißt du in deiner Zeit, die eine Sache ist die Freude und die andere Sache ist das Organisieren der schönen Dinge. Das alles unter einen Hut zu kriegen, ist manchmal gar nicht so leicht.

Ojemine, die Passierscheine müssen beantragt werden und dann ist nicht gesagt, dass der Antrag auch genehmigt wird. Mutti hat es mir gerade erzählt.

In Spandau wird neben der St. Nikolai Kirche eine Passierscheinstelle eingerichtet.
Da muss man erst mal mit der Straßenbahn hinfahren und noch ein Stückchen zu Fuß gehen. Das machen wir natürlich.

Mutti, Johanna und ich ziehen uns dick an und machen uns auf den Weg. Wir sind ziemlich aufgeregt. Was wird uns dort erwarten?

Eine äußerst lange Schlange von Menschen steht in dicke Wintermänteln verpackt, mit warmen Mützen auf dem Kopf und einen Schal um den Hals geschlungen, vor der Passierscheinstelle. Es geht sehr schleppend voran. An den Füßen wird es bitterkalt. Es ist Dezember und es liegt Schnee. Schöne warme Schuhe, wie ihr in eurer Zeit, haben wir nicht.

Die Menschen reden leise über das, was sie gerade erleben. Einige empfinden es als Schikane der Ostler. „Die finden immer was, um uns zu quälen!", sagt eine alte Frau, die mit Sicherheit den Krieg erlebt hat und verbittert wirkt. Eine andere sagt: „Lieber stundenlang warten als gar keine Passierscheine."

Eine Art kleiner Bus kommt angefahren und hat eine Ostberliner Nummer. Sechs Männer mit Armeemänteln und fellbesetzten Kappen steigen aus.
Sie tragen Kartons mit Formularen in das Gebäude. „Das sind bestimmt alles die Passierscheinanträge", sagt Mutti leise zu Johanna und mir. Vati ist nicht dabei. Er muss arbeiten.

Es ist eigenartig, dass Mutti so flüstert. Und trotzdem stimmt es irgendwie. In so einer angespannten Situation hat man das Gefühl Flüstern zu müssen, damit man keine Fehler macht.
Ich weiß gar nicht, ob du in deiner Zeit so was kennst.

Jetzt geht es etwas schneller. Doch bis wir drei im Gebäude angelangt sind, dauert es ungefähr zwei Stunden. Merkwürdig. Hier riecht es nach Osten. Dabei sind wir doch in Westberlin.
Die angespannte Stimmung hier drinnen ist noch schlimmer als draußen.

Die Beamten aus dem Osten sitzen jeder an einem Tisch und nehmen die ausgefüllten Anträge entgegen. Sie sehen unheimlich wichtig aus. Man muss seinen Ausweis zeigen. Manchmal stellen sie Fragen. Irgendwie sprechen sie anders als Westberliner Staatsbeamte.

An den Ecken im großen Flur stehen Leute von uns. Westberliner aus der Behörde, die hier helfen sollen. Sie erklären wo die Formulare liegen und wie man sie richtig auszufüllen hat.
Eine alte Frau mit einem Kopftuch steht gebeugt ein paar Meter von uns entfernt und weint bitterlich. Vermutlich ist das alles zu viel für sie. Mutti hat mitbekommen warum: „Sie wollte ihren Lebenspartner in Ostberlin besuchen. Aber da sie nicht verwandt sind, wurde der Antrag sofort abgelehnt." „Hat sie denn keine Verwandten im Osten? Sie könnte doch deren Adresse angeben", sagt Johanna.
Ich finde meine Schwester richtig schlau. „Sie wird keine echten Verwandten haben", sagt Mutti und verzieht schmerzlich ihren Mund. „Ist das ein grauenvoller Osten", flüstere ich Johanna ins Ohr. „Stimmt", flüstert sie zurück.

Auf den Anträgen muss man drei unterschiedliche Terminwünsche angeben. Mutti hat den ersten und zweiten Weihnachtsfeiertag und Neujahr aufgeschrieben. Der 25. Dezember wäre uns am liebsten.
Wir sind dran. Mutti hat wieder ihre roten Flecken im Gesicht. Der Beamte kommt aus Sachsen. Das hört man an der Stimme.
Mutti plappert vor Aufregung wie ein Kind. Dass wir zu Oma möchten, dass Oma ihre Mutter ist, wir ihre Enkel, Vati Muttis Mann, und dass alles in Ordnung sein müsste.
Der Beamte aus Sachsen verzieht keine Miene und sagt stahlhart: „Sie müssen in zwei Tagen wiederkommen, dann werden Sie sehen, ob Sie einreisen dürfen."
Dann macht er eine Handbewegung, dass wir zu verschwinden haben.
Die Nächsten sind dran. Vorhin war mir nur äußerlich kalt. Jetzt friere ich von innen. Obwohl es hier drinnen gut geheizt ist.

Wir sagen keinen Ton und gehen merkwürdig steif nach draußen. Die alte gebeugte Frau mit dem Kopftuch steht an einen Baum gelehnt und schaut ins Leere. Wir sind nicht in der Lage ihr etwas Tröstliches zu sagen.

Der „Kalte Krieg" ist manchmal besonders kalt. Ich denke an Kennedys zauberhaftes Lächeln zu uns und nehme mir vor: „Wenn ich groß bin, will ich auch etwas Wichtiges für mein Land tun."

Erst an der Straßenbahnhaltestelle bricht Mutti das Schweigen. „Es wird schon alles klappen“, sagt sie. Es klingt als ob sie fest davon überzeugt ist.

Zwei Tage später stehen wir wieder in dieser langen Schlange. Wieder die gleiche Machart. Klirrende Kälte, tropfende Nasen, kalte Füße. Nur ist die Spannung diesmal höher. Ab heute geht es für viele darum, ob ihr Antrag schon bearbeitet ist und vor allem, ob er genehmigt wurde.

Wir sind etwas früher her gefahren und stehen darum weiter vorn als Vorgestern.
Nach einigem Warten wieder das Auto mit den Beamten. Die Kisten die sie tragen sehen heute etwas anders aus. „Das sind die Passierscheine“, flüstert es durch die Menge.
Klar, vorgestern waren es die Antragsformulare. Die liegen ja inzwischen im Gebäude drinnen. Manche Leute beantragen erst heute eine Einreisegenehmigung. Andere hoffen, ihrem Antrag ist entsprochen worden. Wir drei gehören zu denen die heute hoffen.

Ich habe dem Lieben Gott versprochen, wieder besser in der Schule zu werden, wenn wir zu Oma können. Die Auswahl des Einreisetages habe ich ihm überlassen.
Ich hatte das Gefühl, sonst überstrapaziere ich ihn.

Irgendwann sind wir im Gebäude angelangt. Wieder der Ostgeruch.

Der „Eiszapfen“ von vorgestern sitzt diesmal auf der rechten Seite des Raumes. Meine Güte, haben die alle Amtsmienen!
Kennst du in deiner Zeit eigentlich so furchtbar streng schauende Erwachsene? Oder sind die in Deutschland inzwischen ausgestorben?

Vor Aufregung habe ich einen trockenen Mund. Mutti hat wieder ihre Flecken im Gesicht und Johanna ist mäuschenstill und guckt ängstlich umher.
Was sich hier abspielt ist einfach ganz furchtbar. Die vielen alten Leute, die auf einen Besuch bei ihren Kindern in Ostberlin hoffen.
Wie tapfer sie stundenlang in der Kälte stehen und warten.
Bei manchen habe ich das Gefühl, sie fallen gleich um. Aber vermutlich nehmen sie sich ungeheuer zusammen, um nur nicht den lang ersehnten Besuch zu vermasseln. So ein Szenario kennst du in deiner Zeit garantiert nicht mehr.

Ab und an heult ein Erwachsener auf. Die Ostbeamten teilen eiskalt mit, dass der Passierschein nicht genehmigt wurde. Ein Grund dazu wird nicht genannt!
Mir flattern vor Angst irgendwie die Knie. Ich bettele den Lieben Gott pausenlos an und verspreche noch bessere Schulnoten.

In der Ecke hinten lehnt ein alter Mann. Ihm rollen Tränen über sein verwittertes Gesicht. Es ist kaum auszuhalten, was hier abgeht.

Egal ob Mutti meckern wird, weil wir an ihr dran bleiben sollen. Ich gehe jetzt zu dem alten Mann und sage irgendwas Nettes. Mutti merkt vor Anspannung gar nicht, dass ich wegschleiche.

Es ist gar nicht so leicht mich durch die Menschenmenge zu arbeiten.

So, jetzt stehe ich vor ihm. „Es tut mir so leid", sage ich ganz leise und streiche über seinen alten Mantel, der voller Flicken ist.
Der Mann schaut mich mit blassblauen Augen an und streckt mir seine total zitternde rechte Hand entgegen. In den Fingern hält er einen Passierschein.
„Kindchen, ich kann zu meinem Sohn. Endlich", sagt er. Und dabei laufen Bäche von Tränen über sein altes Gesicht.
Mir steht mein Mund offen und ich muss jetzt auch heulen. „Meine Güte, Gott sei Dank", stammele ich.

Dann arbeite ich mich durch die Menge zurück zu Mutti und Johanna. „Wo warst du denn?", fragt Johanna und guckt erstaunt auf mein verheultes Gesicht.
„Egal", sage ich. Mutti kaut an ihrer Unterlippe. Sie hat wirklich nichts von meinem kleinen Ausreißer gemerkt.
Die Spannung in diesem Raum ist schwer zu ertragen.

Vor uns die Frau hat eine Ablehnung bekommen.

Still und stumm dreht sie sich weg und verlässt den Raum. Bitte, lieber Gott, tu dass wir zu Oma können.

Jetzt ist Mutti dran. Sie reicht dem Ostbeamten die Ausweise. Ich sehe, dass ihre Hand dabei zittert. Bitte, bitte, Lieber Gott!
Der Beamte guckt auf ihr Foto und dann prüfend zu ihr. Es kommt mir vor wie eine gemeine Schikane. Anschließend guckt er in eine der Kisten rechts neben sich.

Dann steht er auf und geht betont langsam zu einer Reihe Kartons, die hinter ihm stehen. Er sucht umständlich hin und her.

Johanna, die schon eine ganze Weile meine Hand in ihrer hält, zerquetscht mir fast die Finger.
Ich versuche meine Hand wegzuziehen, aber sie drückt vor Aufregung noch fester. Der Beamte sucht und sucht.
Endlich zieht er etwas aus einem der Kartons, guckt es sich genau an und kommt mit versteinerter Miene wieder nach vorne.

„Sie können am 25. Dezember einreisen. Hier das Formular. Da müssen Sie Ihre Geschenke eintragen. Nichts Verbotenes mitnehmen!“, sagt er streng.

Dann reicht er Formulare und Passierscheine für uns vier über den Tisch.
Für einen kleinen Augenblick huscht eine Spur von einem Lächeln über sein Gesicht.

Mutti sagt mit heiserer Stimme: „Danke, vielen Dank auch. Es ist meine Mutter.“ „Und meine Oma“, sagt Johanna laut und deutlich. Dabei lässt sie endlich meine Hand los.
Einige Leute drehen sich zu uns um. Der Ostberliner Beamte hat wieder seine kalte Amtsmiene aufgesetzt. Mir ist klar, dass ich jetzt fleißig für die Schule lernen muss. Sonst wache ich nachher auf und es war wieder nur ein Traum.

„Am ersten Weihnachtsfeiertag fahren wir zu Oma.“ Muttis Stimme ist ganz weich.
Wir fassen sie rechts und links an und laufen schweigend zur Straßenbahn.
Ich wundere mich, dass ich mich gar nicht freuen kann. Johanna scheint es ähnlich zu gehen. „Fahren wir wirklich zu Oma?“, fragt sie ganz vorsichtig.
„Ich kann es auch kaum glauben“, sagt Mutti. „Ja.“

Merkwürdig, dass ich nichts fühlen kann. Kennst du in deiner Zeit so Ähnliches auch?
Da hofft man wie wild auf etwas und verspricht dem Lieben Gott die dollsten Sachen, und wenn es erfüllt wird, kann man sich gar nicht richtig freuen!

Auch in der Straßenbahn sitzen wir schweigend beisammen. „Kannst du dir vorstellen, dass wir Weihnachten zu Oma fahren?“, fragt mich Johanna nach einer ganzen Weile. „Irgendwie nicht“, antworte ich, und bin froh reden zu können.
„Ich auch nicht“, sagt Johanna und guckt ganz ratlos.

„Lasst mal, das kommt noch“, meint Mutti. „Bei diesem ganzen Irrsinn und hin und her ist das kein Wunder.“

Auch zu Hause kommt keine Freude auf. Erst als es klingelt und Vati von der Arbeit nach Hause kommt, wird es anders.
„Na, hat es geklappt?“, will Vati sofort wissen. Wir kriegen jeder unsern Kuss zur Begrüßung.

Mutti zeigt auf das Flurtischchen, wo sie die Passierscheine der Reihe nach hingelegt hat.
In einer kleinen Vase stehen Weidenkätzchen daneben.

Vati hat noch nicht mal den Mantel ausgezogen oder den Hut abgesetzt. Nur die Aktentasche stellt er jetzt hin.
„Mensch Kinder!“, sagt er. „Das sind ja wirklich vier Passierscheine!“
Dann greift er Mutti unter die Arme und hebt sie hoch. Er tanzt mit ihr in unserm kleinen Flur herum, als sei sie eine Puppe. Nach einer Weile stellt er sie wieder auf die Beine und gibt ihr einen Kuss auf die Nase.
„Das hast du gut gemacht“, sagt er und strahlt über das ganze Gesicht. „Wann fahren wir denn?“
„Am 25.“, antwortet Mutti mit leuchtenden Augen.

„Weihnachten bei Oma“, sagt Vati und strubbelt Johanna und mir in den Haaren herum. „Ist das ein Fest!“

Und dann ist es soweit. Den 24. Dezember haben wir eher ruhig verbracht. Natürlich steht im Wohnzimmer wie immer ein Weihnachtsbaum.
Den hatten Mutti, Johanna und ich schon vor dem 17. Dezember gekauft.

Wir sind beizeiten schlafen gegangen, das ist ja sonnenklar. Um 5 Uhr früh klingelt unser Wecker.

Es ist bitterkalt. Der Ofen ist über Nacht ausgebrannt, obwohl Vati extra viele Kohlen aufgelegt hat. An den Fenstern sind Eisblumen. Das alles stört uns wenig.
Es geht zu Oma, wirklich zu Oma. Nach zwei Jahren endlich wieder Oma und Muts!

Stell dir vor, ich spüre endlich Freude in mir. Meine Güte, hat das lange gedauert!

Johanna kriecht in ihrem dicken Nachthemd auf der Erde herum und sucht ihre Haarspange.
„Dafür ist jetzt keine Zeit!", sagt Mutti. Wir wollen die S-Bahn um 6.32 Uhr kriegen."
„Aber ich will sie doch Oma zeigen!", heult Johanna auf.
Die Spange ist wirklich besonders schön. Johanna hat sie sich von ihrem Taschengeld zusammen gespart.

Ich krabble zu ihr auf den Teppich und suche mit. Unter ihrem Bett finde ich sie. Johanna gibt mir ein Küsschen auf die Nase.

Vati kommt aus dem Badezimmer. „Der Nächste bitte", sagt er lachend.
Johanna und ich machen „Katzenwäsche". Gebadet haben wir alle vier gestern Mittag.
Mutti hat für jeden ein Glas heißen Tee mit Zucker hingestellt.
Sie ist heute als Erste aufgestanden.

Im Flur stehen die gepackten Taschen. Alle Mitbringsel mussten auf einem Formular genau aufgeschrieben werden. Mutti hat diesmal nichts Verbotenes eingepackt. Das Risiko wäre viel zu hoch. So können wir ganz gelassen losziehen.

Schwer bepackt schleichen wir leise durch das Treppenhaus die Treppen runter.
Es ist der erste Weihnachtsfeiertag. Da wollen wir keine Nachbarn aus dem Schlaf holen.
Mutti trägt eine große schwere Tasche. Johanna und ich haben jeder einen Rucksack mit Sachen für Oma auf dem Rücken. In Vatis Rucksack sind Geschenke für Oma Manda.
Wir haben alle unsere dicken Wollmützen auf dem Kopf und Handschuhe an.

Draußen ist es bitterkalt und stockdunkel. In einigen Fenstern brennen noch Kerzen. Vati hat uns das vor Jahren erklärt. Nach Kriegsende entstand die Tradition, in der Weihnachtszeit Kerzen in die Fenster zu stellen, um eventuell heim kehrenden Kriegsgefangenen zu zeigen: Hier ist jemand zu Hause und nimmt dich in Empfang.

Jedes Jahr in der Adventszeit hat Vati Kerzen, die er in seinem Amt gekauft hat, mit nach Hause gebracht. Grüne Kerzen mit einer Banderole mit einem roten Kreuz drauf.
Seit zwei Jahren haben wir die nicht mehr. „Jetzt kommt keiner mehr“, hat Mutti mit bewegter Stimme gesagt.

Am zugefrorenen Kanal entlang laufen wir zum S-Bahnhof Gartenfeld und sitzen pünktlich im Zug. Wir sind die einzigen im Abteil. Mutti guckt noch mal die ganzen Grenzpapiere durch und scheint zufrieden. Die S-Bahn fährt pünktlich los.

Auf dem Umsteigebahnhof pfeift uns der Wind um die Nasen. Gut, dass Mutti uns dicke Mützen und Handschuhe gestrickt hat.

Die S-Bahn, in die wir jetzt steigen, ist voller Menschen. Sie fährt zum Grenzbahnhof Friedrichstraße. Alle sind dick angezogen und haben prall bepackte Taschen dabei.
Manche Frauen sehen „aufgemotzt“ aus.
„Müssen die nun unbedingt den Ostlern vorführen was die nicht haben können!?“, sagt Mutti zu Vati.
„Modenschau!“, sagt Vati und zuckt mit den Schultern.
Wir vier haben uns ganz einfache dicke Sachen angezogen. Wir haben Oma und uns lieb, da kommt es nicht auf Äußerlichkeiten an. Mutskater trägt auch immer das Gleiche.

Vor der Friedrichstraße drücken wir uns die Nasen an den Fensterscheiben platt.
Die Grenzanlagen, der Todesstreifen! Alles hell beleuchtet.
Trotz der Kälte sind da die armen Schäferhunde an langen Ketten inmitten von Stacheldraht und Grenztürmen. Es wirkt gruselig und unwirklich.

Auf dem Bahnhof sehen wir jede Menge Vopos mit Maschinengewehren. Mehr als vor dem Bau der Mauer.
Sogar oben in den Glasverstrebungen der alten Bahnhofshalle stehen sie.
„Das wirkt ja wie im Krieg“, flüstere ich Johanna zu.
„Psst!“, sagt sie und sieht mich ängstlich an.

„Alles aussteigen!“, tönt es aus Lautsprechern. Mutti nickt uns zu, wir steigen aus.

Auf dem Bahnhof sind Schilder, die zeigen wo es lang geht.

Es wird unterschieden zwischen Menschen mit einem Reisepass der BRD, die ohne Passierscheine einreisen dürfen, und Westberlinern mit Passierscheinen.

Wir müssen eine Treppe runter und einen Gang entlang. Massen von Menschen strömen zu den einfachen Holzhäuschen, in denen Vopos zur Passierscheinkontrolle sitzen.

Obwohl wir so früh aufgestanden sind, steht hier schon eine lange Schlange von Menschen an. Alle wollen endlich zu einem oder mehreren Verwandten. Es geht langsam voran. Eine fast unheimliche Ruhe liegt über dem Ganzen. Vati zwinkert uns zu. Das tut gut, sage ich dir!

Dann sind wir dran. Mutti reicht dem Vopo die Grenzpapiere in das Häuschen. Er sortiert sie umständlich, guckt uns alle der Reihe nach an und sagt dann in einem Dialekt das nach Thüringen klingt: „Na, da wird die Oma aber froh sein, was?"
Dazu lächelt er richtig nett.
Johanna wird knallrot und pufft mit ihrem Ellenbogen in meine Seite.
Mutti bleibt vor Staunen der Mund offen. Sie kriegt gerade noch ein „Ja" raus.
Der Vopo haut „mit Schmackes" einen Stempel auf jeden Passierschein.

Vati nimmt die gestempelten Papiere wieder entgegen und sagt richtig freundlich:
„Wir sind alle sehr froh. Und frohe Weihnachten für Sie.“
Der Vopo lächelt Vati an und bedeutet dass wir weiter gehen sollen.

Jetzt kommt die Zollkontrolle. Bis jetzt hatten die Vopos graugrüne Uniformen an.
Beim Zoll tragen sie blaue. Ein DDR Zöllner durchwühlt gerade richtig gemein eine Tasche von einem gerade eingereisten Westberliner. Der steht fassungslos und richtig unglücklich daneben.

Meine Güte, hoffentlich durchwühlen die unser Gepäck nicht so! Mutti hat alles ganz ordentlich und sinnvoll eingepackt. Jedes kleinste Plätzchen hat sie genutzt.
„Ihre Papiere bitte!“, sagt ein Zöllner im Befehlston. Vati reicht sie ihm. „Die Taschen mal alle hier hin!“ Er weist auf den Platz vor sich.
„Kommt, macht eure Rucksäcke ab“, sagt Mutti mit „Frosch im Hals“.
Sie hat wieder ihre roten Flecken im Gesicht. Der Zöllner liest sich die kleinen Listen durch, in denen angegeben ist, was wir alles mitbringen.
„Haben Sie auch alles aufgeführt?“, fragt er streng. Vermutlich kommt auch er aus Thüringen. Mutti sagt artig wie ein Schulmädchen: „Ja, alles genau aufgeschrieben.“
„Mach mal deinen Rucksack auf!“, sagt der Zöllner zu mir. Vati atmet hörbar auf.

Das macht er immer, bevor er richtig wütend wird.

Ich weiß gar nicht was in meinem Rucksack drin ist. Mutti hat ihn gepackt. Artig mache ich ihn auf. Oben drauf liegt eine Tafel Vollmilchschokolade. „Ist die für dich?“, fragt der Zöllner streng. „Nein für Oma“, sage ich. „So was Gutes kriegen wir nicht.“
Der Zöllner guckt mich fassungslos an. „Na dann mach mal wieder zu und hoff, dass die Oma dir was abgibt.“ Dann reicht er Mutti wortlos die Papiere und zeigt an, dass wir weiter gehen sollen.

Außer Sichtweise fangen Johanna und Mutti an zu Lachen. Vati streicht mir über den Kopf. „Gut gemacht“, sagt er mit Stolz in der Stimme. Ich weiß zwar nicht, was ich gut gemacht habe, aber es freut mich trotzdem.

Meine Güte, ist das eine aufregende Sache nach Ostberlin zu gelangen! Wenn du in deiner Zeit mal von West- nach Ostberlin oder umgekehrt fahren solltest, lege doch bitte mal eine Gedenkminute für uns in unserer Zeit ein. Wir haben das bitter nötig.

Jetzt müssen wir uns aber erst mal durch den Schilderwald arbeiten, um die richtige S-Bahn in Richtung Oma zu bekommen. Früher mussten wir hier ja nie aussteigen. Da kamen die Grenz Vopos in die Zugabteile. Alles ist jetzt anders. Nur der Geruch ist noch der gleiche.
„Riechst du?“, fragt Johanna mit leuchtenden Augen. „Es riecht nach Osten!“

Wir laufen wieder etliche Treppen nach oben und finden die richtige S-Bahn. An der Grenze musste Vati West- in Ostgeld umtauschen, um Fahrkarten kaufen zu können.
Das geht jetzt nicht mehr nach dem eigentlichen Tauschwert eins zu vier, sondern eine DM West für eine DM Ost. Du weißt ja, die DDR braucht Devisen.

Erst jetzt im Zugabteil findet Mutti ihre Sprache wieder. „Meine Güte, ist das eine Schikane!“, sagt sie. „Der in dem Holzkasten war doch richtig nett“, meint Johanna. Vati nickt mit dem Kopf. „Die machen auch nur ihre Arbeit.“
„Aber beim Zoll der war ja erstmal fies!“, meine ich. „Und wie der daneben in den Taschen bei dem Mann gewühlt hat!“, sagt Johanna. „Da haben wir Glück gehabt.“
Jedenfalls sind wir vier jetzt richtig froh in der S-Bahn zu sitzen, Richtung Oma.

„Weiß Oma überhaupt dass wir kommen?“, fragt Johanna auf einmal erschrocken. Mutti hat zwar gleich den Brief geschrieben. Aber ob der schon da ist?
„Ich habe ein Telegramm geschickt“, sagt Vati. „So was teures?“, gebe ich von mir.
Kennst du in deiner Zeit überhaupt noch Telegramme? Oder gibt es sowas bei euch gar nicht mehr. Ein Telegramm gibt man bei der Post auf. Jedes geschriebene Wort kostet einzeln Geld. Dafür ist es schnell. Ein Telegrammbote bringt es binnen ganz kurzer Zeit zu dem Adressaten.

Also hat Oma ein Telegramm bekommen, dass wir vier auf dem Weg zu ihr sind. Das ist doch super super supertoll!
Für so was muss Geld da sein! Da verzichte ich gerne auf eine Tafel Schokolade!

Irgendwann sind wir am S-Bahnhof Wuhlheide. Überall liegt frischer tiefer Schnee.
Johanna und ich stürmen die Treppen hoch, um zu gucken wie die Ausflugsruine im Schnee aussieht. Unsere Fußspuren sind die einzigen. Es ist ja der Morgen des ersten Weihnachtsfeiertages. Da ist kaum wer unterwegs.
Wie mit einer Sahnehaube ist die Ruine mit Schnee überzogen. Und trotzdem strahlt von ihr das Grauen des Krieges wider. Johanna greift nach meiner Hand. „Es ist jetzt achtzehn Jahre her“, flüstert sie. „Und trotzdem merkt man das Gruselige.“
„Guck dir die Gören an!“, hören wir Vatis Stimme hinter uns.
„Wenn ihr den Krieg erlebt hättet, wärt ihr nicht so scharf auf Ruinen!“
Er sagt es nett, aber mit einem Unterton, der uns Gänsehaut macht.
Klar, über 60 Millionen Tote und Mutti und Vati waren mitten drin in diesem Horrorkrieg! Das musst du dir in deiner Zeit mal vorstellen!

Wir stapfen mit unseren Rucksäcken durch den tiefen Schnee. Räumfahrzeuge, wie in deiner Zeit, gibt es für Waldwege nicht. Die Bäume sind wunderschön verschneit.

„Wie ein Zauberwald“, sagt Johanna fast flüsternd.

Jetzt ist es nicht mehr weit bis zu Oma. Ich merke dollen Hunger. Wir haben ja nur den heißen Tee mit Zucker getrunken.
„Ob wir Muts rufen können?“, frage ich Mutti fast schüchtern. Alles wirkt irgendwie so anders als sonst. Zwei Jahre und viereinhalb Monate waren wir nicht mehr bei Oma!
„Ich glaube nicht, dass er euch hören wird“, sagt sie ziemlich betrübt. „Und der tiefe Schnee.“ Johanna und ich gucken uns ratlos an. „Ich probiere es trotzdem“, sage ich und rufe los. „Muts, Muts, Muts…!“ Neben uns fällt krachend ein Ast zu Boden, der die Last des Schnees nicht mehr tragen konnte. Ich brülle lauter: „Muts, komm, bitte, Mutschen!“ Nichts kann mich aufhalten. Vati guckt mich ganz traurig an. Johanna zeigt mir einen Vogel. Ich rufe und rufe. Er kann uns doch nicht vergessen haben!
„Da vorne kommt er!“, schreit plötzlich Johanna. Sein Schwanz, im Schnee!! Da! Da! Muts, Muts!“

Sie schreit noch lauter als ich und heult dabei, dass ihr der Schnodder aus der Nase läuft.

Unfassbarer Augenblick. Durch den tiefen Schnee kommt Kater Muts gesprungen, gehopst, gehüpft. Mal sieht man ihn, mal ist er im Schnee verschwunden.
Wir vier bleiben stehen. Mutti laufen die Tränen über ihr Gesicht, Vati schnaubt sich laut die Nase.
Und dann ist er da. Er hüpft von einem zum andern, gibt Köpfchen, schnurrt, maunzt, gurrt. Alles gleichzeitig. Wir sitzen jetzt alle vier im Schnee, schütteln fassungslos unsere Köpfe, streicheln, lachen, heulen, schnauben uns die Nasen.
„Er hat ein Winterfell“, sagt Vati ganz sachlich.
„Du hast ja deinen Wintermantel für uns aus der Kammer geholt, du Süßer!“, sagt Johanna und gibt ihm ein Küsschen auf die Nase. „Aber du hast Sorgenfalten!“ „Stimmt, sagt Mutti. Die hatte er früher nicht.“
Wirklich, es sieht aus, als hätte er eine tiefe Sorgenfalte quer über sein linkes Auge.

Ich habe Muts jetzt auf dem Arm. Er legt mir seine großen kalten Pfoten richtig um den Hals und lässt sich ein ganzes Stück tragen. Dabei stupst er mir laufend mit seiner kalten feuchten Nase an meine Nase.
Keiner außer Muts sagt einen Ton. Wir laufen still und bewegt den Rest des Weges zu Omas altem Haus. Von weitem sehen wir dass der Schornstein raucht.

Ein warmes, wohliges Gefühl durchzieht meinen Körper. Ein Zuhausegefühl.
Muts will runter und rennt und springt durch den Schnee zum Haus.

„Oma", sagt Johanna ganz leise. „Wir müssen Oma rufen!" Sie guckt mich an und heult schon wieder. „Oma!", rufe ich. Aber es kommt ganz leise aus mir heraus.
Mir ist der Hals wie zugeschnürt.
Wir sind schon ziemlich nah am Haus.
Auf einmal kommt Oma aus der Tür. Wir sehen es von weitem. Sie fuchtelt mit den Armen in der Luft herum, fasst sich an den Kopf, schüttelt ihn und immer so weiter.
Dabei rennt sie zum Gartentor, die Aufregung ist ihr anzumerken.

Ich kann nicht zu ihr rennen, Johanna offensichtlich auch nicht.
Es ist ein so bewegender Moment, wir sind irgendwie aktionsunfähig.
Oma schließt das Gartentor auf und kommt uns entgegengewackelt.
Von uns sagt keiner einen Ton. Wie Roboter laufen wir ihr entgegen.

Und dann steht Oma vor uns und schüttelt immer nur fassungslos den Kopf.
„Dass ihr da seid!!"
Und nach einer kleinen Pause. „Ich hab's schon nicht mehr geglaubt."

Dann nimmt sie Mutti in den Arm. „Ulli!“, sagt sie und drückt sie lange.
Mutti heult wie ein Schlosshund. Ich glaube, sie ist jetzt gerade ein Kind.

Danach steht Oma vor Johanna und mir. Sie nimmt uns beide zusammen in ihre Arme und sagt: „Ihr seid groß geworden. Aber Muts hat euch erkannt.“
„Woher weißt du…?“, frage ich. Denn von Muts ist weit und breit nichts zu sehen.
„Er lag am Ofen und schlief“, sagt Oma. „Auf einmal hat er die Ohren gespitzt und wollte ganz schnell raus. Da wusste ich, ihr seid im Anmarsch.“
Dann nimmt Oma Vati in den Arm und sagt: „Was für Zeiten, was Gerhard? Wie gut euch alle wohlbehalten zu sehen.“ „Hast du das Telegramm bekommen?“, fragt Vati.
„Vor drei Tagen ist es gekommen. Da konnte ich noch gut einkaufen.“

Weißt du was, du in deiner Zeit, ich würde auch den ganzen Tag hungern, nur um Oma zu treffen. Es ist ein unbeschreibliches Glück in ihrer Nähe zu sein.

Mutti fragt, ob ihr Brief angekommen ist. „Ach die Post!“, sagt Oma. „Das ist ein heilloses Durcheinander.“ Der Brief war nicht angekommen.
Gott sei Dank hat Vati das teure Telegramm geschickt!
Vor dem Hauseingang sitzt Muts und putzt sich sein Fell. “Na Muts, jetzt sind sie endlich da“, sagt Oma und streichelt Muts über sein Köpfchen.

Drinnen im Haus ist es warm und der Tisch ist wie immer gedeckt. Die von Hand gefertigten „Ostbrötchen“, die Oma gestern Morgen beim Bäcker gekauft hat, sind in der Ofenröhre ganz knusprig und superlecker.
Auf dem Tisch steht Karpfen in Gelee. „Oma!“, rufe ich. „Das dauert doch Tage, bis der fertig ist. Du hast aber gar nicht gewusst, dass wir kommen!“

„Ich hab doch Radio gehört, dass es Passierscheine gibt. Und da bin ich los zum Fischladen und habe Karpfen gekauft.“ Ich springe auf und gebe Oma nach einer langen Umarmung einen fetten Kuss. Sie wischt sich eine Träne aus dem Auge.

Johanna sagt ganz leise: „Und meine Lieblingswurst hast du auch gekauft.“ Dann fängt sie an zu heulen. Oma steht auf, geht zu ihr und nimmt sie lange in den Arm.
Ich glaube Johanna heult die ganze Traurigkeit von zwei Jahren und viereinhalb Monaten aus sich heraus.

Muts sitzt unter mir und schielt nach oben. „Klar kriegst du den ersten Happs!“
Ich bin schon dabei das Gelee für Muts von einem Karpfenstückchen zu pulen.
Oma lacht erleichtert auf: „Ach ist das ein Fest. Es ist fast wie früher.“

Die letzten zwei Weihnachten hat Oma allein in ihrem Haus verbracht. Sie hatte es uns geschrieben.

Unsere Taschen und Rucksäcke stehen auf der Erde. Wir sind so hungrig, dass wir erstmal essen. Aber erst muss Oma Johannas Haarspange bewundern.
Oma hat Tannenzweige hübsch dekoriert und Kerzen an. Es ist ja Weihnachten.
Mutti fängt an die Taschen auszupacken. Oma schlägt ihre Hände über dem Kopf zusammen und sagt: „Was habt ihr nur alles angeschleppt!"
„Wer weiß, wann wir wiederkommen können", sagt Mutti mit belegter Stimme. Sie spricht aus, was wir alle denken. Oma freut sich riesig über all die guten Sachen.
Sie braucht das alles dringend, denn ihre Rente ist sehr klein.
Muts, der Süße, schnüffelt an den verschiedensten Dingen herum und schnurrt leise vor sich hin. Ab und an kommt er zu jemandem von uns und gibt Köpfchen.

Vati wird am Nachmittag mit dem Bus nach Biesdorf zu Oma Manda fahren. Mutti, Johanna und ich bleiben bei Oma und Muts. Wir wollen jede Sekunde auskosten, die wir unsere Oma spüren können.
In dem Rucksack von Vati sind all die Sachen für seine Mutter. Mutti hat auch für Oma Manda riesig eingekauft. Auch sie hat nur eine sehr kleine Rente.

Johanna und ich gehen nicht wie sonst raus zum Spielen. Spielen können wir bei uns zu Hause. Aber Oma genießen können wir nur hier bei ihr. Wir erzählen und erzählen.

Für Oma waren es richtig einsame Jahre. Sie war immer froh, wenn ein Brief von uns kam. Wenn Oma nichts sagt, still da sitzt und uns zuhört, sieht man die Traurigkeit ihrem Gesicht an. Genau wie Muts „Sorgenfalte".

Zum Mittag gibt es Rotkohl, Kartoffeln und Hasenkeulen. „Die gab es im Konsum", sagt Oma. „Ich war froh, was Gutes für euch zu kriegen!"

Oma erzählt, dass es noch weniger gibt als vor dem Mauerbau. „Ob der Ulbricht sich klar macht, was er den Menschen antut?", fragt Mutti. „Die denken doch nur an ihren Sozialismus und nicht an uns", antwortet Oma. „Was ist das für eine Zeit!"

Nach dem Essen zieht Vati sich an und verabschiedet sich. „Vor dem Abendbrot bin ich wieder da." Mutti und Oma sagen, dass er Oma Manda von uns allen ganz herzlich grüßen soll.
Er setzt seinen großen schweren Rucksack auf und Johanna und ich begleiten ihn bis zum Gartentor. Wir gucken ihm nach, wie er durch den Schnee zum Bus stapft.

Oma hat Windbeutel mit Sahne für uns und heißen Kakao. Wir überhäufen Oma mit Küssen. Muts kriegt von meiner Sahne ab. Er hat jetzt eine weiße Nase.
Mutti meint, wir sollen ein bisschen auf der alten Couch schlafen. Die Nacht war kurz und die Rückfahrt wird lang.
Wir wollen nicht. Zeit bei Oma verschlafen? Nee!

„Dann legt euch wenigstens hin und ruht ein bisschen“, schlägt Oma vor.

Johanna und ich krabbeln auf die alte Couch und Oma deckt uns mit einer Decke zu.
Nach einer Weile springt Muts zu uns hoch und packt sich mitten in die Mitte. Ganz leise schnurrt er vor sich hin. Ach, wenn das nur für immer bliebe!

Wir schlafen natürlich nicht, hören einfach Mutti und Oma zu, wie sie sich erzählen und erzählen. Omas Stimme hören. Was für ein Fest!

„Guck mal, es wird schon dunkel“, flüstert Johanna mir ins Ohr. Muts rekelt sich, gähnt mir mit weit offenem Mäulchen mitten ins Gesicht.
„Iih, du kleiner Stinker“, sage ich liebevoll und kraule sein Köpfchen. „Der riecht nach deinem Karpfen“, sagt Johanna und gibt Muts ein Küsschen auf das rechte Ohr.

Nach einer Weile hören wir ein Rumoren im Eingangsbereich des alten Hauses. „Vati ist zurück!“, ruft Johanna und springt von der alten Couch. Muts fliegt zur Seite, bleibt aber neben mir liegen.
Ich kuschele mich wieder unter die Decke und rücke näher an Muts ran. Irgendwie fröstelt es mich.

Wenn Vati zurück ist, bedeutet das, dass es bald Abendbrot gibt und damit geht unser Ausflug zu Oma dem Ende zu.

Vati kommt in die Stube. Johanna hängt an seinem Arm. „Ah, warm ist es hier!“, sagt er. Wir kriegen alle einen Kuss.
„Na, wie war’s?“, fragt Mutti. Vati guckt sie mit einem ganz bestimmten Blick an und winkt mit der Hand ab. „Gut, dass du wieder hier bist, Gerhard“, sagt Oma mit warmer Stimme. „Komm, trink ein Schnäpschen.“ Sie gießt Vati einen Eierlikör ein. Den mag Vati gerne.

Oma Manda ist nicht so herzlich wie Oma. Das habe ich dir ja schon erzählt. Und die kostbaren Mitbringsel lässt sie immer ganz schnell in einem großen Küchenschrank verschwinden. So, als ob sie nicht will, dass ihr jemand etwas davon wegnimmt. Ich kann mich an kein einziges Wort des Dankes von ihr erinnern.
Vati trinkt den zweiten Eierlikör. Johanna und ich dürfen die Gläschen ausschlecken. Da sind wir zwei ganz wild drauf!

Oma steht auf und fängt an das Abendbrot zu machen. Es gibt selbst gemachten Kartoffelsalat und heiße Bockwürstchen. Die schmecken im Osten tausend Mal leckrer als im Westen. Auch der Ostsenf schmeckt uns viel viel besser.

Und dann ist es so weit. Der schreckliche Moment ist unvermeidlich. Um 24 Uhr laufen die Passierscheine ab. Wer bis dahin nicht die Grenze passiert hat bekommt schwersten Ärger. Du weißt ja, davor haben wir Westberliner furchtbare Angst.

Johanna und ich sind todtraurig und auch todmüde. Oma wird uns noch zum Bus bringen.
Wir werden für die Heimfahrt nicht zum S-Bahnhof Wuhlheide laufen, sondern mit dem Bus 27 zum Bahnhof Köpenick fahren. Von dort weiter mit der S-Bahn.
Durch die kalte dunkle Nacht stapfen wir fünf zur Bushaltestelle. Muts latscht uns hinterher.
„Und kommt gut nach Hause, und vielen vielen Dank für alles!“, sagt Oma schon das vierte Mal.

Ich bin vor Traurigkeit wie gelähmt, hocke im Schnee und streichele schläfrig an Muts herum.

„Und schreibt viel“, sagt Oma. „Ich schreibe dir morgen gleich einen Brief“, antwortet Johanna, die an Omas Ärmel hängt. „Wir schreiben, wie wir angekommen sind und wie es an der Grenze ging“, sagt Mutti. „Wir sehen uns bestimmt bald wieder“, meint Vati, und dann kommt der Bus.

Muts verschwindet hinter dem Bretterzaun des Grundstücks an der Haltestelle.
Wir umarmen Oma, küssen und drücken sie: „Danke, danke, für das schöne Essen und alles was du uns gegeben hast.“
Wir steigen ein, die Türen schließen. Es pufft, quietscht und ruckelt, der Bus fährt los.
Wir hängen hinten an der großen Scheibe, drücken uns die Nasen platt und winken was das Zeug hält. Oma steht unter einer alten Straßenlaterne und schaut uns nach.

Es ist nur ein kurzes Stück mit dem wackeligen Bus, dann sitzen wir schon in einer S-Bahn.
Am Grenzübergang Friedrichstraße ist es knackend voll. Wir vier sind müde und sehr still. Jeder von uns geht seinen Gedanken nach. Ich fühle mich noch immer wie gelähmt.

Was würdest du in deiner Zeit an meiner Stelle jetzt machen?
Ich weiß. Du würdest mit dem Handy Oma anrufen, erzählen wie es dir geht. Oma würde dich trösten. Weg wäre die Lähmung. Ich überlege, ob ich dich beneide. Nein.
Ich habe das „Handy“ tief in mir drin. Das weiß ich genau. Und ich will es nutzen.
„Hallo, aufwachen!“, dringt Johannas Stimme durch meine Gedanken. „Du schläfst ja im Stehen!“

Wir sind jetzt in der Warteschlange, genau wie heute Morgen. Nur in die andere Richtung.
Erst Zollkontrolle, dann Ausweise.
Die Grenzbeamten scheinen auch müde zu sein.
Es geht auf einmal schnell. Der Zoll winkt die Leute einfach durch. Dann noch einen Ausreisestempel auf die Grenzpapiere und das war’s.

Wieder Treppen hoch und in die S-Bahn Richtung Westen.
Da sitzen wir vier nun und sehen ziemlich unglücklich aus.
Wann wird es die nächsten Passierscheine geben?
Wird es überhaupt wieder Passierscheine geben?

Meine Gedanken fliegen zu der Haltestelle für den Bus 27.
Abschied von Oma und Muts. Klirrende Kälte, der Schnee. Die Lähmung in mir.

Irgendetwas habe ich falsch gemacht. Die Räder der S-Bahn rattern gleichmäßig vor sich hin. Meinen Kopf habe ich an Muttis Arm gelehnt. Ich schließe meine Augen uns suche in mir nach Muts Gesicht. Da unten im Schnee vorhin. Bevor er hinter dem Bretterzaun verschwand.

Traum oder Wirklichkeit?

Es dauert gar nicht lange, dann habe ich es gefunden. Muts Gesicht. Klare wache Augen schauen mich an. Keine Sorgenfalte mehr.
Merkwürdig. Muts scheint zu lächeln.
Wir sind an der Haltestelle. Er unten, Oma oben.
Ich unten bei Muts.

Ich bin ganz wach. Keine Lähmung hindert mich, die Kostbarkeit des Abschieds zu erfahren. Muts sitzt im Schnee und guckt mich an. „Weißt du eigentlich, dass du ein zauberhafter Kater bist?“ Ich streichele leicht über seinen knuffigen Kopf.
„Nach so langer Zeit hast du aus weiter Entfernung mein Rufen gehört und bist durch den tiefen Schnee zu uns gekommen!“ Muts Lächeln wird tiefer.
„Weißt du was, Muts Katerchen, ich glaube du kannst viel tiefer gucken, als wir Menschen. Du guckst mit dem Gefühl. Mit dem Herzen.“
Muts stupst mich mit seinem Köpfchen an und scheint noch immer zu lächeln. Es ist ein zauberhafter Augenblick.

Mutti holt mich aus meinem Traum. Oder war es Wirklichkeit? „Komm, wir müssen umsteigen.“ Ich taumele hinter den dreien her. Die nächste S-Bahn lässt auf sich warten. Bitterkalte Nacht, es schneit. Aber in mir ist es warm. Was für ein Erlebnis!

Das sind sie, die anderen Sphären.
Da bin ich mir ganz sicher.

Nie mehr möchte ich durch Schläfrigkeit die Kostbarkeit eines Augenblicks versauen, das schwöre ich mir. Ab jetzt will ich in der Gegenwart wach sein und sie auskosten, auch wenn es weh tut.

Die S-Bahn kommt. Zeit zum Nachdenken, zum nachträumen.
Auf welche Weise sind solche Erlebnisse möglich? Welche Wege nehmen sie?
Ich habe Muts richtig doll lieb. Vielleicht macht Liebe solche Begegnungen möglich?
Liebe setzt ja Schwingungen frei. Und auf diesen Schwingungen trifft man sich dann.

Das ist doch ähnlich wie mit deinem Handy oder Smartphone. Die Worte gehen als Schwingung durch die Luft und werden irgendwo wieder aufgefangen.
Wenn ich dass jetzt Johanna erzählen würde, tät die mir glatt einen Vogel zeigen.
Also behalte ich das für mich.

Vielleicht haben De Gaulle und Adenauer solche Momente erlebt? Im Geiste sehe ich die beiden im Juli 1962 Hand in Hand in Frankreich in der Kathedrale von Reims stehen.
Als die Bilder neulich im Fernsehen gezeigt wurden, habe ich Gänsehaut bekommen.
Der Präsident von Frankreich, General Charles de Gaulle, und unser Bundeskanzler, Dr. Konrad Adenauer, feiern in einer riesigen alten Kirche eine Versöhnungsmesse!

Das musst du dir mal vorstellen: Da ziehen im zweiten Weltkrieg Unmengen von deutschen Soldaten mit ihren ganzen Kriegsgeräten in Frankreich ein.
In ihrem Größenwahn bilden sie sich ein ihr deutsches Reich noch größer werden zu lassen! Franzosen, die das nicht gut fanden oder Menschen mit jüdischem Glauben, haben sie in schlimme Lager gebracht und viele Tausende getötet!
Solche Sauereien haben unsere Vorfahren veranstaltet!
Über 60 Millionen Tote durch den Zweiten Weltkrieg, der von Deutschland ausging.

Und dann lässt sich ein Staatschef, dessen Land von den Deutschen überfallen wurde, nach diesem grausigen Krieg, auf eine Freundschaft mit einem deutschen Bundeskanzler ein!
Da kann doch nur so eine unsichtbare, aber spürbare, Schwingung mit im Spiel gewesen sein! Eine Art von höherer Liebe, die den Hass überwindet.

Ich sage dir in deiner Zeit, da, nur da geht es lang. Nur wer imstande ist in diese unsichtbaren Sphären zu spüren, kann richtig leben. In diesen Sphären wohnt die Lust auf Freiheit, die auch in der sichtbaren Welt Gestalt annehmen möchte.

Ist dir in deiner Zeit eigentlich klar, dass du ein ungeheures Glück hast, in Freiheit zu leben? Und gehst du damit auch verantwortlich um?

Kennst du Wohlwollen und Verständnis?
Weißt du, was Achtung, Respekt und Zivilcourage sind?
Wenn nicht, frag bitte die Erwachsenen, die einen Sinn für Gerechtigkeit haben.
Wer immer nur macht was andere tun, gibt sein Gewissen ab.
Du ganz allein für dich musst deine Wahrheit finden.
Und du wirst sie immer wieder mutig verteidigen müssen, das schwöre ich dir!

Könnte es sein, dass euch in eurer Zeit der Einblick in diese Sphären etwas verloren gegangen ist? Dann habt ihr Kinder viel zu tun.

Wir Kinder sind doch die Experten in Sachen Fühlen und Spüren. Wir haben noch Zugang zu unserem Gewissen. Wir merken genau was gerecht und ungerecht ist. Wir kriegen ja die unsichtbaren Schwingungen mit und merken, wenn uns jemand zum Beispiel eine Lüge auftischt. Oder wenn Mutti schlecht drauf ist.
Das spüren wir oft schon im Treppenflur, noch bevor die Wohnungstür auf geht. Stimmt`s?

Manche Erwachsene haben durch ihr vieles Denken den Zugang zu ihrem Herzen verloren. Und schließlich fühlt man doch auch mit dem Herzen. Oder nicht?

Teilweise sind Kinder bei euch in eurer Zeit schon wie einige eurer Erwachsenen.

Sie wollen „cool" sein. Wer sich sowas antut schneidet sich von seinem Gefühl ab. Der kann ja gar nicht mehr einen Kater lächeln sehen!

Muts würde ich gegen kein Computerspiel der ganzen Welt eintauschen wollen, das kannst du mir glauben!

Aber du hast es ja mitbekommen, auch ich mache einiges verkehrt.
Da sitzt so ein Zauberkater unten im Schnee und ich fummele ihm, gelähmt vor Traurigkeit, schläfrig auf dem Kopf herum!
Statt mich wie doll und verrückt zu freuen, was das für ein wundervoller Tag war, bin ich traurig, dass ich nicht noch mehr davon kriegen kann!

Man muss auch mal die Dinge, die geschehen sind, verdauen können.
Schade, dass mir das nicht früher eingefallen ist, dann hätte ich mir den Abschied an der Haltestelle nicht versaut!

Klar, der Abschied von Muts und Oma war traurig. Doch Traurigkeit ist ein Gefühl, dass zum Leben dazu gehört. Wenn man sowas wegschiebt, ist man wie gelähmt. Weil man eben gar nichts fühlt. Ja, genau so war das.

Ich sage dir, ab jetzt werde ich meine Gefühle besser beobachten und sie erleben, statt sie weg zu schieben.

Der oder das, was uns gebaut hat, wird sich doch was dabei gedacht haben, als er uns mit all den tiefen Gefühlen erfunden hat.

Was meinst du, wenn alle Menschen auf ihre tiefen schönen Gefühle hören würden, gäbe es dann noch diese vielen Gemeinheiten auf der Welt?

Stell dir vor, wir würden uns mit Zeit füreinander zuhören.
Vielleicht die Einzigartigkeiten eines jeden Lebewesens erkennen?
Und vielleicht voller Respekt jeden seine ureigensten Begabungen leben lassen.
Oder alle Menschen würden der Freiheit ihres Gewissens folgen.

Der Vopo in dem Holzhäuschen auf der Hinfahrt, der hat Gefühl gezeigt.
Der Zöllner, der in meinem Rucksack, mit der Schokolade oben drauf, guckte, auch er hat letztendlich nach Gefühl gehandelt und unsere Rucksäcke nicht weiter durchsucht.

Auch das Lächeln, welches über das Gesicht des Ostbeamten huschte, als er Mutti in Spandau die Passierscheine reichte, fällt mir ein.

Herr Werner, mein Klassenlehrer, geht mir durch den Kopf, wie er Gudrun über ihre blonden Haare streichelte und die Fettflecke in den Schulheften verstand.

Der wundervolle Blick von John F. Kennedy zieht mir durch den Sinn, wie er uns Kindern sein zauberhaftes Lächeln schenkte.

Johanna kommt mir ins Gedächtnis, wie sie mit der Entenfeder an meiner Nase kitzelte und sie wieder in meine Haare zurück steckte. Manchmal kann sie richtig liebevoll sein, meine große Schwester.

Viele viele Augenblicke mit Mutti und Vati wandern mir durch die Sinne. Und die immer wieder kehrenden wundervollen Momente mit Oma und Muts.

Kennst du auch solche Momente? Vielleicht sollten wir Kinder sie sammeln und aufschreiben.

Stell dir vor, du bist eines Tages alt. Und von dir erzählen sich dann die Menschen, denen du in deinem Leben begegnet bist, von vielen vielen schöne Momente mit dir. Momente, in denen du nach deinem Herzen entschieden hast.

Durch das Rattern der S-Bahn Räder höre ich Mutti und Vati leise miteinander reden.

„Wird die Mauer eines Tages fallen? Was meinst du Gerhard?“
„Erst mal lange nicht“, meint Vati. „Da muss schon einiges in der Welt passieren. Freiwillig macht der Osten das Tor nicht auf!“
„Wie alt werde ich dann sein?“, fragt Johanna.

„Vermutlich wirst du dann auch schon einen Mann und eigene Kinder haben“, sagt Mutti. „Wenn sie überhaupt jemals aufgeht, die Mauer!“

Ich lasse meine Augen zu und höre dem Rattern der Räder zu, wie sie Meter um Meter über die Schienen rollen.

Tief in mir drinnen nehme ich mir vor, ich will es ganz fest glauben: Eines Tages wird sie fallen, die Mauer.

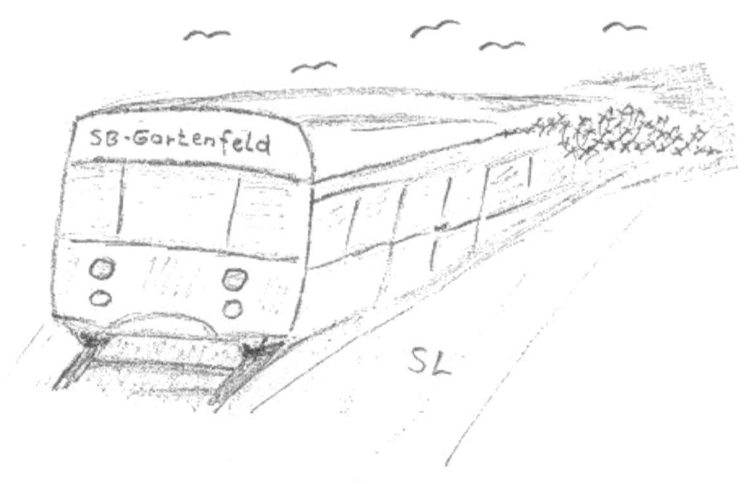

Passierscheine gab es erst wieder ab
Ende Oktober 1964.
Erst nur zu Weihnachten, Ostern, Pfingsten,
zu Hochzeiten, und für Härtefälle, wie
Krankheit und Tod.

Später konnte man als Westberliner
mit einem Passierschein für maximal
30 Tage im Jahr einreisen.

Es gab ungefähr 245 Mauertote.
Die genaue Zahl kennt niemand.

Am 9. November 1989 fiel die Berliner Mauer.
Johanna war verheiratet und hatte drei eigene Kinder.

Vati ist 15 Jahre vor dem Fall der Mauer gestorben.

Mutti hat den Fall der Mauer erlebt, aber vorher
sind Oma und Muts „hinter der Mauer" gestorben.

ENDE